# 世界経済と為替投機

張 韓模 著

学文社

# プロローグ

**為替レート切り上げの強制**

「為替レート切り下げゲームでアメリカに勝とうとするのは，成功の見込みのない戦略である」。これは，2011年9月7日の『ウォール・ストリート・ジャーナル・アジア版』が，「彷徨する怪しいウォン」(Won-dering as they wander) と題した社説で辿り着いた結論である。この言葉が象徴するように，韓国の通貨当局はウォン高を阻止しようと必死である。

為替レートの切り上げ圧力は韓国経済にとって死活問題となる。すなわち，輸出の困難と，関連企業における製品価格引き下げのための企業合理化，イノベーションや人件費削減の圧力となる。企業合理化に成功しなければ，企業の倒産や閉鎖は避けられない。さらに，韓国における農産物などの自給率は一層の低下を免れない。

韓国企業のイノベーションによる国際競争力の強化は，一定の時間を必要とし，直ちに対応できる対策は限定されている。多くの場合，対応は，人件費の削減のために，業務量当たりの従業員数を削減し，あるいは，仕事の一部を社外の低賃金労働に依存する体制が進む。このような措置は，失業問題や不安定雇用問題を生み出し，さらには，所得水準の低下に繋がる。

しかし，このことは韓国にだけあてはまる問題ではない。例えば，日本の円についてみよう。円為替レートが最高値を更新した2011年10月31日に，日本銀行は，一日の介入額では過去最大となる7兆5千億円の円売り・ドル買い介入を行い，外国為替市場の理不尽な動きを公開的にけん制した[1]。ヘッジファンドの圧力によって，慢性不況への道を歩むかに見える。

## 通貨の切り下げ圧力

ところが，世界経済においては，韓国と日本のように自国通貨が切り上げられることだけが問題ではない。

アルゼンチンの通貨ペソは，2011年初から6％程度下落し，10月には1ドル＝4.27ペソ前後で推移していたが，さらにペソ安が進行し，11月に入ってから闇市でのレート5.10ペソまで下がっている。ペソ安が進むについて，1980年代のアルゼンチン経済の悪夢でもあるドル資産の海外逃避はより多くなり，10月だけでも38億ドルにのぼる[2]。

輸出力が弱いアルゼンチンは，ペソが下落しても，輸出を増やす力はない。国内の物価が上昇し，実質賃金が低下する。消費は抑制され，国内市場が縮小して，低開発状態が固定される。これは，ペソ売り，ドル買いを実施するヘッジファンドの投機的動きの結果である。これも，恐ろしい結果をもたらしかねない。ペソを買い，ドルを売って自国通貨の価値を防衛しようにも，発展途上諸国には，外貨の準備高が乏しい。対応は極めて困難である。

## 為替レート「切り上げ」と「切り下げ」の世界経済

昨今の世界経済は，ドルを中央において，一方は為替レートが切り上げられることにより，もう一方は為替レートが切り下げられることにより，大きな混乱にさらされている。つまりすべての国は，自国通貨の為替レート変動に翻弄され，全力をあげて為替レートの安定を図る。

しかしながら，このような動きは単独では成功の見込みがない。ヘッジファンドが動員する資金は，一国の金融当局が対応するには，巨大過ぎる。そこには，投機に対抗すべき国際金融協力体制が必要である。かつて，1930年代における国際金融危機や投機活動に対して，ケインズは，国際決済銀行の意義を評価し，金本位の通貨体制に対して，「バンコールという新たな通貨をもつもう一つの国際的な通貨体制」の構築を目指した。

世界各国は，自国通貨と，バンコールとの為替レートを国際会議で決定し，安定した為替相場を前提として貿易や投資を行うはずであった。しかし，よく

プロローグ

知られているように，1940年代のアメリカ合衆国は，バンコールを拒否し，自国通貨であるドルを世界の基軸通貨とした。IMF体制の発足である。

以後，世界経済は，金を中心とした通貨投機を封じ込めるために，「通貨投機を推進しうるドル」を基軸とせざるを得ないという奇妙な状況に直面し，IMF体制は崩壊した。

**本書の課題**

本書は，こうした世界経済情勢を念頭に置き，次の3つの課題を取り上げる。
① IMF体制崩壊後に，世界経済危機に対処すべき「新しい秩序」として登場したG20とは，どのような意味と役割を担っているのか。
②「新しい秩序」が規制すべき為替投機はなぜ発生するのか。
③ 為替投機はどのような影響を世界経済にもたらすのか。

それぞれの課題について簡単に紹介する。まず「G20の意味と役割」である。世界大恐慌以来の危機と言われた2008年に，世界経済の前面に登場したのがG20である。なぜG20なのか。グローバル・インバランスという視点は示されているものの，なぜG20なのかについては明らかではない。本書においては，ドル基軸通貨システムを維持するための枠組みとして，G20の意味と役割を把握する。つまりブレトン・ウッズ体制崩壊後，G7の通貨が金に代わってドルを支えたが，これがG20へと拡大することになったのである。

次に「為替投機発生のメカニズムである」である。国際的な為替投機は，ヘッジファンドに利得の機会を提供し，世界の金融資本に貨幣価値を蓄積する機会を提供している。同時に，そのために変動する，不安定な世界経済が生み出される。

為替投機のメカニズムは貨幣本来の性質や働きに係わる問題である。貨幣論研究の殆どは暗黙裡にひとつの貨幣を前提にしている。まさにこのことが多くの混乱をもたらしていると思われる。主流派経済学が教える経済史は，物々交換から市場経済へ進化し，モノとモノの交換を滑らかにするために貨幣が登場

3

する。つまり貨幣には潤滑油の役割が与えられる。

　貨幣をこのように定義すると，すべての貨幣は同じ性質，つまりひとつの貨幣になる。戦前金本位制のもとでは，例えばポンドと円の場合，金含有量を別とすれば，基本的に同じものとして見做される。つまりポンドと円の為替レートは金含有量によって決定される。このような「一物一価主義」の根強い哲学は主流派経済学の骨太を支えるものである。

　しかし，第2章において詳しく議論することになるが，貨幣は誕生した時から，ひとつではなく，複数であった。複数の貨幣はそれぞれの自己利子率が異なり，それだけ異なる流動性プレミアムを持っている。本書においては，このことを「2つの貨幣」と呼ぶ。2つの貨幣が併存することによって為替投機は経済界に内在することになる。現代の意味においていえば，ドルの所有者が，一方において，円を買い，他方において，ペソを売るならば，円高によって必ず利益を上げることができ，しかも，ペソに対して強い通貨としての地位を保ちうる。為替投機は永続化し，高利益の源泉となりうる。

　最後の課題は，為替投機よって連鎖的に波及する空間的かつ横断的影響を描くことである。植民地経済研究は宗主国との葛藤の過程を単線的に取り上げることが多いが，本書においては，支配と抵抗の構図ではなく，国際通貨問題が植民地政策にも影響していたことを議論する。以上のような貨幣的経済は，言うまでもなく，すべて短期の動きによるものである。

**短期の経済**

　貨幣の短期的動きこそ，資本主義経済の景気変動に決定的な役割を演じると論じたのがケインズである。そしてガルブレイス，キンドルバーガー，アインチッヒ，ミンスキーらは，資本主義経済の恐慌や経済危機をもたらす主な原因として投機論を展開した。ミンスキーは，新古典派経済学とマネタリスト理論体系の不十分さを暴露する過程で，「彼らの用いたモデルは，金融と不確実性を事実上無視しており，それゆえに，経済体系の動きの主要な決定要因として，投機を意味のある形で導入できなかった」[3] と述べ，投機分析が欠かせな

プロローグ

いことを強調している。さらにアインチッヒは，為替投機を世界経済変動の要因として認識し，「大量の投機取引は，不安定期の間，取引されたに違いないし，不安定の主要な結果であると同様，主要な原因でもあったに違いない」[4]と，為替投機と経済不安定の因果関係を明らかにした。本書は，このような先行研究者の問題意識を共有しつつ，3つの課題に取り込む。

**時間概念の転換**

ケインズの貨幣的経済論においては，現在と将来の間に貨幣を取り入れ，現在と将来を繋ぐものとして貨幣が位置づけられる。「貨幣の重要性は，本質的にはそれが現在と将来とを結ぶ連結環であることから生じるものであるである。(中略) 将来に関する期待が，現在のわれわれの行動を左右する現実世界の問題に移ることもできる。現在と将来とを結ぶ連結環としての，貨幣の特質がわれわれの考慮のうちに入れられなければならないのは，われわれがこの移行をなし遂げた後のことである」[5]。

しかし，主流派経済学は「貨幣の中立性」を前提する。かれらにとって，経済世界における貨幣は，商品取引を媒介するものにすぎない。ここでは，独自の貨幣の動きは排除される。このことによって，かれらが取り扱う経済的時間は連続的なものとなる。山から平野へと川が流れるように，主流派経済学における時間は，過去から現在へ，さらに現在から未来へ，常に同じスピードで流れる。

このことはヘーゲルの教えにおいても同じであった。ヘーゲルが説いた時間論は永遠の中での継起的連続性であった。部分の和が全体を構成し，時間は空間から独立するものと考えたニュートンの世界も例外ではない。「時間の連続性」を前提することによって時系列的分析は大きな意味を持つ。つまり現在は過去からの総合であり，このことはユークリッドのレールによって未来に繋がる。

しかし，バシュラールは，「時間の連続性」を否定し，時間はただひとつの現実しか持たないこと，時間は孤独な瞬間であること，したがって時間は本質的に非連続であることを明らかにした[6]。

経済的時間を非連続的なものとして捉えると，未来の経済現象は過去から独立することになり，予測に基づく投機は常に経済界に内在する。「投機はなぜ発生するのか」という問いを想定した場合，主流派経済学は一般的に「例外的現象」という立場を維持する。つまり投機が発生するのも，それから著しい経済変動が余儀なくされることも，マクロ経済の長期トレンドからみれば例外的現象である。

**自由化思想**

経済の不安定期に為替投機は常に観察されることであるが，もうひとつこれを活性化するものが自由化思想である。現代においても，また1920年を前後とした時期においても，特に金融自由化の思想は各国経済政策に幅広く浸透していた。

ケインズは『一般理論』第12章の「長期期待の状態」において，「ロンドン株式取引所がウォール街に比べて罪が軽いという事実は，国民性の相違によるよりもむしろ，スロッグモートン街が普通のイギリス人に対して，ウォール街が普通のアメリカ人に対するのに比較して，近づきにくく，きわめて金のかかるものであるという事実によるものである。(中略)合衆国において投機が企業に比べて優位である状態を緩和するためには，政府がすべての取引に対してかなり重い移転税を課することが，実行可能で最も役に立つ改革となるであろう」[7]と，自由な取引が投機の原因であることを明らかにしている。

したがって自由化思想，投機，経済危機は連鎖して起こる同一線上の問題であると理解すべきであろう。

**本書の構成**

本書は8章で構成されている。まず簡単に各章の内容を紹介する。

第1章の「基軸通貨ドルとG20の役割」では，世界経済危機の原因について，最もオーソドックスな議論を展開しているザカリアとファーガソンのグローバル不均衡論（チャイメリカの危険な構造論）を検討する。次に世界の新しい

秩序として登場した G20 の議論を取り上げ，先進国と新興国との対立構造や利害関係を検討する。特に「ソウル宣言」で採択された「市場で決定される為替レートシステム」に注目し，ドル基軸通貨維持のための G20 の役割を分析する。つまり 1975 年に発足した G7 と同じく，G20 も，それが結成された時点において，世界 GDP 及び貿易量の大部分を占めており，ドル為替レートを切り下げるための枠組みであることを議論する。最後に国際通貨としてのドルの地位について，ウォーラーステイン，スティグリッツ，キーシナー，ドュリーらの研究を取り上げる。

第 2 章の「2 つの貨幣」では，貨幣は中立的ではないとしたケインズの思想を受け入れ，貨幣のヒエラルキー論を議論する。ケインズ貨幣論の核心的な諸概念，貨幣と流動性，流動性プレミアム，流動性選好などの概念の再定義を行い，流動性プレミアムとは相対的魅力を測る選択の基準であること，流動性選好の概念は欲求を最大化するための理論であることを明らかにする。なお貨幣はそれぞれの異なる目的のために生まれるので，貨幣はひとつではなく最初から複数が存在し，その貨幣のあいだで，流動性プレミアムがバロメーターとなり，異なる流動性選好をもつことを分析する。つまり開発途上国の貨幣価値が減価するのは，その通貨が相対的に低い流動性プレミアムを有するからである。この違いによって為替投機は発生すると主張する。

第 3 章の「周辺部の通貨システム」では，周辺部と関わりのあった通貨システムとして，戦前の金為替本位制，カレンシィ・ボード，ダラーライゼーション（dollarization）を取り上げる。周辺部が経験した多くの経済危機を検討すると，そこには為替レートの大幅な切り下げを伴った危機が透けて見える。この問題を克服するために幾つかの通貨システムが導入されたが，安定に成功することはなかった。特にダラーライゼーションの場合，シニョレッジ（seigniorage）の放棄や産業従属性の弊害の問題だけではなく，ダラーライゼーション地域に多量のドルが流入されることにより，バブル経済を助長する危険性を内包していることを議論する。またウィリアムソンの目標相場圏設定論，トービンによって出されたトービン・タックス，ポスト・ケインジアンによる清算システム

のルールなどの改革論を検討する。

　第4章の「金融自由化論再考」は，金融自由化の諸理論を検討し金融自由化の新しい位置付けを行う。マキノン・ショーモデルによる南米における金融自由化の実験は大きな失敗に終わることになるが，この結果を踏まえて80年代からテイラー（L. Taylor）を中心とした構造主義経済学者による金融自由化論の批判が行われた。さらに90年代に入ってはポスト・ケインジアン理論家たちによって金融自由化に対する理論的批判が展開された。この議論を主導したのは主にストュダルト（R. Studdart），グラベル（I. Grabel）であるが，特にグラベルは金融自由化を投機誘導型開発（speculation-led development）と定義する。しかしこのような理論論争は，新古典派経済理論の矛盾を明らかにしたものの，金融自由化の流れを総合的に把握することまでは至らなかった。本章は金融自由化を資金循環の新しいパターンとして位置付ける。

　第5章の「経済危機と為替投機―韓国を事例として―」は，1997年の韓国危機を取り上げる。韓国危機の原因として一般的に指摘されていたのは，韓国経済の構造的問題であったが，国際政治戦略として打ち出された金融自由化と政府の市場制御失敗による為替投機の過程として把握する。為替レートをコントロールしていた韓国はNDFs市場で行われた投機取引に為替レートが誘導されてしまい，結局ウォン為替レートの防衛に多額のドルを費やしたのである。つまり韓国経済がIMFの管理下に入った直接な原因は，NDFs市場を通じた銀行および企業の為替投機であり，それはアメリカの金融自由化政策のもとで可能であった。

　第6章から第8章までは，歴史分析である。まず第6章の「通貨システムと為替投機―インド省手形を事例として―」においては，第1次世界大戦期のインド省手形を取り上げ，通貨システムと為替投機の相関関係を分析する。インド省手形の存在は当時の世界経済にとって2つの大きな意味を持つ。第1次世界大戦までにイギリスの資本が絶えず輸出されたことは，世界経済の安定的成長の原動力となったが，この背景にはインドとの円滑な貿易を可能にしたインド省手形の決済システムがあった。もうひとつは，このシステムを通じ日本な

どの他の金本位制国がインドへアクセスでき，世界の東西を結ぶ貿易金融システムであったことである。つまりこの結びによって，世界経済の先進地域と周辺地域をひとつの輪として繋ぐことができた。しかし 1916 年からの銀投機はこのシステムの維持を困難にし，1918 年にはこのインド省手形の売り出しを中止せざるを得ない事態を迎えて，結局インド省手形システムは崩壊した。この決済システムの崩壊は，インドとイギリスに混乱を与えただけではなく，その決済システムにリンクしていた日本経済にも，さらに当時日本植民地下におかれていた朝鮮経済においても混乱をもたらした。

第 7 章の「日本の原綿問題」では，1917 年からのインド省手形の売り出し制限による日本の原綿輸入問題の発生と解決の過程を分析する。1910 年代の日本の棉花輸入は主としてインド棉に依存していたが，その輸入決済は日本の貿易構造上，またインド国内の棉花買付資金関係によってインド省手形にリンクしていた。日本はインド棉花を輸入しなければならない状況であったため，インド省手形売り出し制限措置は日本産業問題にかかわる大きな打撃であった。これを切り抜けるためにアメリカ棉代用案，また横浜正金銀行による金現送策などの対策が設けられたが，銀投機から起因したインド国内のルピー銀貨枯渇問題によって棉花買付には役に立たなかった。結局インド幣制が安定を取り戻すことが原綿問題解決の条件となっていた。結果的に日本の原綿問題は，1919 年を最後にして解決されることになったが，その過程で朝鮮において無理な棉花栽培政策を展開するのである。

第 8 章の「朝鮮の陸地棉奨励政策」では，植民地期朝鮮における 1919 年から実施された棉花奨励計画を取り上げてこの計画を立てざるを得なかったその背景を分析する。朝鮮の植民地期に対する研究には大きく分けて 2 つの潮流があるが，陸地棉奨励計画に対する研究も，一国的次元の経済的合理性を，また二国間問題として帝国主義侵略性を，主に引き出した。しかし第 2 次陸地棉奨励政策は経済的合理性でも帝国主義的侵略でもなく，インド省手形売り出し制限措置といった国際通貨であったのである。また 1920 年からの棉花栽培の実績が低かったのは，農民の抵抗または価格の低迷が要因ではなく，世界環境の

変化，つまりインド省手形の問題が解決される時点から理解すべき問題である。1916年からの銀投機ならびにルピー銀貨への国際的な為替投機は朝鮮総督府による無理な経済政策を立案させ，結局このことが朝鮮農民の激しい抵抗要因になったのである。

### 今後の研究課題

　以上のような内容で構成される本書は若干課題も残すこととなった。まず媒介通貨に関することである。一般的に投機の対象となるのは，貨幣と貨幣を媒介するもの，例えばインド省手形やドルのような貨幣である。ところで，媒介機能を持つものが通貨として市中に流通する場合（例えば，ドル）と市中に流通しない場合（例えば，インド省手形）は投機の結果が異なると考えられる。

　このことについて簡単に触れておきたい。1990年代半ばまで中国においては，一般の人々が使用する人民幣とは別に，主に外国人が使用する兌換元が流通していた。一般の人々は兌換元の媒介によってのみドルや外国製品にアクセスすることができたため，兌換元と人民幣の額面価値が等価であっても，実際に闇両替では兌換元に対して人民幣の割引が，ドルに対して兌換元の割引が常であった。つまり兌換元は人民幣に対しては為替レート切り上げが，ドルに対しては為替レート切り下げが行われていた。ところが，この時の兌換元は，一般的に流通する通貨ではなかったために，ドルに対する割引率は，人民幣のように大きくはなかった。また兌換元からドルに再両替することには様々な制限を加えていたために外貨獲得という所定の効果はあったに違いない。

　ブレトン・ウッズ体制は金供給に制限があることを前提として創られた。その意味において，当時のドルは中国の兌換元の役割に似通っている。両者の大きな違いは媒介機能を持つものが通貨として市中に流通していたかどうかのことである。媒介機能を持つものが一般の通貨として広く流通していればいるほど，流動性プレミアムのより高い貨幣（例えば，金）に対する減価は進む。しかしブレトン・ウッズ体制はドルと金の交換レートを固定していた。そのことがこのシステムの大きな弱点であった。

周知のように，ケインズが提案したバンコールは媒介機能を持つものが通貨として流通しないシステムであった。ケインズにとって，この発想の原点は「インド省手形」にあったと思われる。

　ブレトン・ウッズ体制の崩壊後，ドルは流通する媒介通貨として機能している。それを可能にしているのが，「人民幣―兌換元―外貨」の関係のように，交換レートが切り下げられる通貨と切り上げられる通貨の存在である。つまり「周辺部の通貨―ドル―G7（G20）の通貨」という関係が必要になる。現代において，為替レートが乱高下する原因はまさにここにあると考えるが，本書においてこのことについてより詳細の議論はできなかった。

　第2の課題としては経済的進歩或いは共生に関する展望である。為替投機の弊害を指摘するだけでは問題は改善しない。シュンペーターは企業家精神のイノベーションの役割を強調した。イノベーションを誘発するためには公正な競争を社会的に支える積極的なセーフティーネットが必要である。ミンスキーらが明らかにしたように，間違った投資及び投機は経済システムを動揺させ，経済主体の累積債務を生む。この事態を打開するためには，シューマッハーのいう経済的進歩，生産の論理に立脚した議論が必要であるが，本書においてはそこまでの議論ができなかった。為替問題に限っていれば，そのテーマは通貨統合の議論である。

**注**
1) 『日本経済新聞』2011日10月31日（夕刊），2011年11月2日（朝刊）。
2) Webber, Jude (2011), "Argentine real estate: Ditching the dollar?", *Financial Times*, Nov. 2. インターネット版。
3) Minsky, 訳 p. 253。
4) Einzig, 訳 p. 142。
5) Keynes, 訳 pp. 332-3。
6) Bachelard, 訳 p. 143。
7) 同上，pp. 157-8。

**参考文献**
Bachelard, G. (1932), *L'intuition de l'instant*. 掛下栄一郎訳 (1999), 『瞬間の直観』紀伊國屋書店。

Einzig, P. (1962), *The History of Foreign Exchange*. 小野朝男・村岡俊三訳 (1965),『外国為替の歴史』ダイヤモンド社。

Keynes, J. M. (1973), *The general theory of employment interest and money*, CW7, Macmillan. 塩野谷祐一訳 (1994),『雇用・利子および貨幣の一般理論』東洋経済新報社。

Minsky, H. P. (1975), *John Maynard Keynes*, Columbia University Press. 堀内昭義訳 (1988),『ケインズ理論とは何か』岩波書店。

## 目　次

プロローグ　　　　　　　　　　　　　　　　　　　　　　　1

## 第1章　基軸通貨ドルとG20の役割　　　　　　　　　15
1　はじめに　15
2　危機の原因——グローバル・インバランスなのか　16
3　新しい世界秩序としてのG20　19
4　ソウル宣言と為替レート　23
5　基軸通貨としてのドルの地位　28
6　結び——基軸通貨の条件　33

## 第2章　2つの貨幣　　　　　　　　　　　　　　　　39
1　はじめに　39
2　ケインズからミンスキーへ　41
3　貨幣の導入　43
4　ケインズにおける2つの貨幣——貨幣需要と流動性選好　47
5　貨幣のヒエラルキー　51
6　結　び　55

## 第3章　周辺部通貨システム　　　　　　　　　　　　63
1　はじめに　63
2　金為替本位制　64
3　カレンシィ・ボードとダラーライゼーション　67
4　結び——通貨システムの諸改革論　71

## 第4章　金融自由化論再考　　　　　　　　　　　　　77
1　はじめに　77
2　金融自由化理論と現実　78
3　ポスト・ケインジアンのアプローチ　83
4　投機誘導型開発論＝金融自由化論　88
5　結び——資金循環の新しいパターンとしての金融自由化　89

## 第5章　経済危機と為替投機——97年の韓国を事例として　　97
1　はじめに　97
2　外貨枯渇とIMFの救済融資　98

3　韓国危機に対する諸見解　102
　　4　国際政治と国内政治＝自由化と投機制御の失敗　108
　　5　投機システムとしてのNDFs市場　111
　　6　結　　び　114

## 第6章　通貨システムの崩壊—インド省手形を事例として ── 119
　　1　はじめに　119
　　2　ルピー為替の安定と金為替本位制　121
　　3　インド省手形のメカニズム　123
　　4　インド省手形売り出し制限と為替投機　127
　　5　ルピー銀貨枯渇の緩和　132
　　6　投機によるシステム崩壊と世界経済への影響　135
　　7　結　　び　142

## 第7章　日本の原綿問題　147
　　1　はじめに　147
　　2　インド棉輸入の決済関係—インド省手形の位置　148
　　3　原綿問題の対応策　153
　　　　3-1　アメリカ棉への代用計画　154　　3-2　横浜正金銀行の金現送策　159
　　4　原綿問題解決の条件　164
　　5　結　　び　166

## 第8章　朝鮮の陸地棉奨励政策—第2次計画を中心に ── 171
　　1　はじめに　171
　　2　陸地棉と朝鮮の風土　173
　　3　第1次計画実施段階での総督府の棉作計画　179
　　4　日本の原綿問題の台頭　181
　　5　農商務省案と総督府の第2次陸地棉奨励計画　183
　　6　結　　び　187

　　エピローグ　　　　　　　　　　　　　　　　　　　　193
　　索　　引　　　　　　　　　　　　　　　　　　　　　197

# 第 1 章　基軸通貨ドルと G20 の役割

## 1｜はじめに

　ケインズは，『通貨改革論』の第 4 章「貨幣政策の諸目標」において，通貨不安について次のように述べている。「アメリカを除くほとんどの諸国では，通貨不安は二つの要因から成り立っている。第一は，価値の基準とされるもの，つまり金に対して国々の通貨が安定的でないことであり，第二は，購買力からみて，金自体が安定性を欠くことである」[1]。ケインズがこの文章で用いる「金」という言葉を「ドル」に換えて読み直すと，殆どの国における通貨危機は，自国の為替レートが安定しないことと，またドルそのものが不安定を増していることから起因するということになる。まさしく今の世界経済情勢である[2]。

　近年，為替レートをめぐる G20 の合意内容が大きな議論を呼んでいる。1985 年 9 月に先進 5 ヵ国蔵相・中央銀行総裁会議，いわゆる G5 により発表されたプラザ合意は，円為替レートを劇的に変化させた出来事であった。プラザ合意が発表された時期を前後として，多くの経済学者が議論した論点は，貿易不均衡と為替レートをめぐるテーマであった。つまり日米貿易摩擦を緩和し，アメリカの経常収支赤字を減らすためには，急激な変化は望ましくないものの，中長期的には円高ドル安への調整はやむを得ないということであった。

　プラザ合意が発表されてから約 1 年が経過した時に次のような報道があった。「G5 直前に 240 円台にあった円相場は，最近では 155 円がらみで推移し，この間約 55％（IMF 方式）の急騰となっている。（中略）ところで，G5 合意の狙いが，各国の対外不均衡を是正し，保護貿易主義の高まりに歯止めをかける

ことにあったことはいうまでもないが，現実には，これまでのところ，協調政策の効果は出ていない。米国の貿易収支赤字は，今年7月で1020億ドル，前年同期に比べて211億ドルも拡大している」[3]。

　2010年に韓国で開かれたG20の蔵相・中央銀行総裁会議並びに首脳会議も25年前の議題とほとんど変わってない。違うことがあるとしたら，G5がG20に拡大したこと，アメリカの相手が日本から中国になったことである。今のドル高基調の為替レートはアメリカの経常収支赤字を構造的なものにしており，このことが国際通貨システムを不安定に導くという議論は全く同じである。

　本章では，このような状況を背景として，経常収支と為替レートとの関係，基軸通貨と為替レートとの関係を明らかにし，さらにドル基軸通貨システムにおいてG20が演じる役割を議論する。結論を先取りすると，これからのドルは，主にG20に対しては為替レートを切り下げ，その他の通貨に対してはそれを切り上げながら，全体のバランスを維持しつつ，これからも基軸通貨としてドルの役割は続くことを主張する。

　かつてチンギス・ハンのモンゴル帝国は，財政と国際収支の双子の赤字構造であったが，長い期間，国際基軸通貨として自国の交鈔や塩引を用いることが出来た。それを可能にしたのは，公務員の給与などは主として交鈔や塩引で支払い，一方でオルトクという名前の投資組合を奨励して紙幣を投資するように仕向けたことによると言われる。つまり貨幣の循環ルートを確保することにより国際基軸通貨としての地位を保ったのである[4]。

## 2｜ 危機の原因――グローバル・インバランスなのか

　アメリカの住宅価格は，90年代半ば以降その上昇率が高まり，2000年に入ってからは7％台前後，2004年に入っては2桁の伸びを見せた。この伸び率は80年代にＳ＆Ｌ危機の発端となった「住宅バブル」時の伸び率をすでに上回っていた。この状況を危機と判断した人々がバブル崩壊を危惧する議論を行っている中で，2005年9月にグリーンスパンFRB議長（当時）は，今の状況は

バブル（bubble）ではなく，意味のない泡（froth）であるという認識を示した[5]。そしてその発言があった翌年の 2006 年からアメリカ住宅価格は下落し始めた。このようにして始まったサブプライム住宅ローン問題は，2008 年 9 月のリーマンショックを経て，世界的な金融危機へと広がっている。現在世界経済は，各国で足並みをそろえた大規模な経済対策と非伝統的手法を含めた金融緩和によってかろうじて支えられている。しかし依然として危機の渦中にあることは間違いない。

　危機の原因についてはすでに多くの研究が行われている。例えば FRB は，2000 年の IT バブル崩壊後，景気浮揚を理由として公定歩合を 6％から 1.25％へと 13 回に分けて引き下げ，1％台の低金利政策を 2004 年まで続いた。グリーンスパンは，このことについて，金融政策の過ちであったことを認めている。つまり低金利政策により住宅市場が拡大し，引き続き住宅市場が拡大し続けることで維持されていた経済システムが，住宅価格の下落を受けて崩壊へと向かった。一方，経済産業省が発行した『通商白書 2009』は，アメリカ住宅市場が拡大した原因をについて，住宅ローンの証券化市場を通じてアメリカ国内外から調達された潤沢な資金に注目する。

　もうひとつのオーソドックスな議論はグローバル・インバランスである。アメリカの超過消費と相手国の超過貯蓄を危機の主な原因とする。このような考えから台頭したのがチャイメリカ（chimerica）の危険な構図である[6]。

　ザカリアは，アメリカ経済が中国政府の選択に依存している危険性を指摘する[7]。ほとんどの経済学者は，今の金融危機を克服するために，財政出動が必要であるという認識を共有しているが，その赤字のファイナンスが可能なところは中国であることが問題である。中国政府は中国経済成長が維持されるのであるならば，積極的にアメリカの赤字をファイナンスする。しかしアメリカ経済の低迷が続いた場合は，中国も大幅な財政出動を行い，直接自国人民にファイナンスする政策を選択する。つまり中国は 2 つの選択肢を有している反面，アメリカにとっての選択肢はない。したがって，世界的経済危機を乗り越えるためには，チャイメリカ構造を軟着陸させる必要があると主張する。

ファーガソンは，中国の経済成長が，戦後ドイツと日本の成長に似通っている成長モデルであるものの，以下の2つの意味においては異なっていると説明する。ひとつは外貨保有高の経済的状況である。ドイツと日本の外貨準備高（1950～60年代）は，アメリカGDPの約1％の水準であったが，中国の外貨準備高は2008年に10％，2009年末には12％の水準に上昇している。2つ目は為替レート問題である。ドイツと日本は，生産コストと所得上昇が為替レートに反映され，1960～78年にマルクは60％，円は50％程度切り上げられたが，人民元は長い間1ドル＝8.28元というレートを維持し，2005年7月になってわずか17％引き上げの1ドル＝6.83元となっている。今回の世界経済危機の原因は世界経済のチャイメリカ構造にあり，この構造が維持される限り，アメリカ経済の再生は難しく，唯一の解決策は，元為替レートの大幅な引き上げであると結論付ける[8]。

　しかし，図1-1が示しているデータは，以上のような主張を斥ける。図1-1は，グローバルGDP対比グローバル・インバランスを示すものである。グローバル・インバランスは2006年5.9％から2009年には3.9％まで急速に下落している。つまりグローバル・インバランスが拡大したのは危機以前の状況で

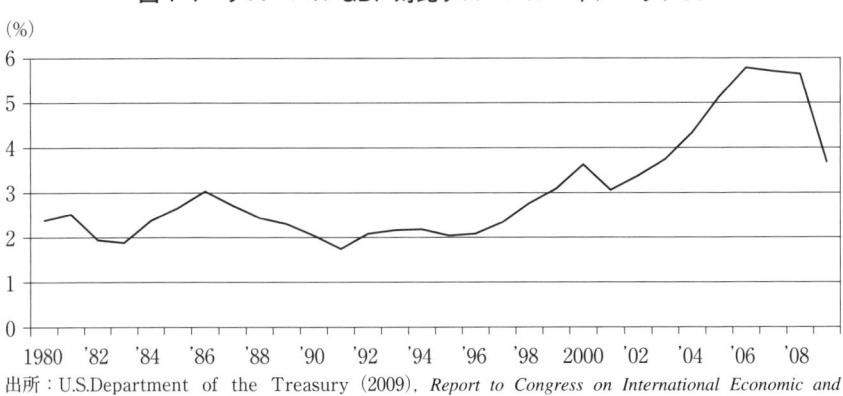

図1-1　グローバルGDP対比グローバル・インバランス

出所：U.S.Department of the Treasury (2009), *Report to Congress on International Economic and Exchange Rate Policies*, Office of International Affairs, October, p. 9.

ある。またアメリカの経常収支を見ても，2006年の8030.5億ドル（GDP対比6.1％）から2008年には7060.1億ドル（GDP対比4.9％）に縮小している[9]。なお，この図が示しているように，グローバル・インバランスは最近新たに台頭した問題ではない。アメリカの経常収支赤字の問題は1970年代からの話題である。今回世界経済を襲った金融危機の根本的な原因をグローバル・インバランスから求めるのはナンセンスであると言わざるを得ない。

## 3│新しい世界秩序としてのG20

ノーベル経済学賞を受賞したクルーグマンは，フリードマン，ルーカスらに代表されるマネタリストの金融政策の過ちを批判しながら，今の世界的規模での生産システムの縮小状況は第2次世界恐慌の始まりであると述べた[10]。危機発生から2年が過ぎた時，世界の株式市場の時価総額は52兆ドル強と推計され，金融危機直前を6兆ドル上回ったと報じられた。その背景としては，アメリカ及び日本などによる金融緩和政策がある[11]。世界経済は，再びカネ余り時代を迎えており，その状況をめぐって，先進国と新興国の対立構図が浮き彫りになっている。

新興国がカネ余り状況に反対しているのは次のような事情による。オーストラリアは1983年までに固定相場制を採用していたが，同年12月に変動相場制に移動した。そして2010年11月5日の外国為替市場において，1豪ドル＝1.0003米ドルまでに上昇し，初めて等価となったことが大きく注目された[12]。1年前となる2009年10月頃の豪ドルの為替レートは，1豪ドル＝0.7米ドル前後の水準であった。つまりその間大幅な豪ドル高になった。このような状況はG20のメンバーとなっている多くの新興国においても共通する現象である。

言うまでもなく，多くの新興国は自国の通貨高を好まない。そこには2つの理由がある。1つは韓国及び中国のように貿易依存度が高い場合であり，もう1つは外資の流入によって物価が高騰すると共に為替相場が乱高下するからである。アメリカは世界に対して多くのドル流動性を供給する緩和政策を展開す

る一方,新興国の多くはその弊害を事前に防ぐために,資本流入に直接制限を加えながら,金融引き締め政策を実施している。

アメリカをはじめとした先進国は,長い不況から回復できず,低成長やデフレ圧力にあえいでおり,中国及びブラジルなどの新興国は資産バブルの懸念と通貨高の問題で利害が対立する。先進国の金融緩和政策は,新興国への資本流入を増加させ,新興国通貨の為替レート引き上げにつながり,また物価上昇の圧力がかかる。新興国の中でも,中国,インド,ブラジルはより積極的な対策を講じている。

中国人民銀行は,2010年10月12日に大手6行の預金準備率を0.5％引き上げて17.5％に,11月15日にはさらに0.5％を引き上げて18.0％にした。このような支払準備率引き上げは2010年に入って既に4回目である。また同年10月20日には預金と貸し出しの基準金利（期間1年）を0.25％引き上げた。中国人民銀行は,この決定について,先進国の金融緩和によってだぶついた資金が中国に流れ込み,食品の値上がりや住宅価格の高止まりなどインフレが懸念されるからであると説明した。上半期の中国消費者物価指数の上昇率は3％前後であったが,8月から3.5％に上昇し,10月末には4％を超えていると言われている[13]。このような状況の中で,その役割が大きく注目されているのがG20である[14]。以下では,第1回から第3回までG20会議内容を詳細に検討し,取り決め事項を議論する。

2008年11月にワシントンで開催された第1回目のG20において,各国首脳が合意したのは,世界経済の成長に共同で取り組み,IMFや世界銀行の改革が必要であり,さらにこの2つの機構において,発展途上国の投票権と代表性を拡大することを検討するといった内容であった。つまり第1回G20会議において,主に強調されたのは国際通貨システム改革問題であった。当時多くの人々はアメリカのドルに過度に依存しているこのシステムを改革する必要があることに共通認識を示していた。

またスティグリッツを委員長とし,国連で2008年11月に立ち上げた,国際通貨・金融システム改革専門家委員会は,ドルが世界の準備通貨として機能す

第 1 章 基軸通貨ドルと G20 の役割

る現体制では，ドルの価値変動によって世界経済全体が不安定化すると分析し，アメリカドルに代わる基軸通貨体制の構築などを主な内容とした最終報告書を発表した[15]。この議論の代表的な識者のうち一人が中国人民銀行総裁の周小川である。

基軸通貨としてドルには限界がある。周小川総裁は，2009 年 3 月に発表した論文を通じて，国際通貨システムの改革を主張した。まず周は国際準備通貨を次のように定義する。「第 1 に，安定的な基準と貨幣供給秩序を確保できる明確な発行基準を有しなければならない。第 2 に，貨幣の総供給量は需要変化に応じて柔軟に調節される必要がある。第 3 に，そのような調節はある一国の経済状況と利益から独立的でなければならない」[16]。

周は，以上のように国際基軸通貨を定義したのち，一国通貨が基軸通貨であることの矛盾，理想的な国際準備通貨は主権国家とリンクしないこと，SDR を活用する必要があること，アメリカ主導の IMF を改革して IMF の通貨管理機能を強化することなどを主張した。一国通貨が基軸通貨であることの矛盾については，トリフィン・ジレンマを引用し，世界に流動性を供給すると同時に，通貨価値の安定を確保することはできないとする。つまりドル基軸通貨システムの下で，アメリカが引き締め政策を展開すると世界の流動性が不足し，金融緩和政策を実施すると流動性過剰となり，いずれにしても世界経済は不安定になる。周の論文は第 2 回 G20 を前にした時点で発表されたが，これは中国だけの意見ではなかった[17]。

ワシントンで開かれた第 1 回 G20 で合意した通り，2009 年 4 月 2 日にロンドンで第 2 回 G20 サミットが開かれた。しかしこの会議において通貨問題が議題として上ることはなかった。この会議の閉幕と共に発表された首脳宣言は，大きく分けて 3 つの内容で構成される。第 1 に，世界各国の大胆な財政出動である。つまり落ち込んだ成長と雇用を回復するために，保護主義を阻止し，金利の大胆な引き下げを維持し，2010 年まで 5 兆ドルに上る財政出動を実行して 4％の生産を拡大し，金融機関への資本注入を含めて大規模かつ包括的な支援を実施し，さらに国際金融機関及び貿易金融を通じ 1 兆ドルを超える

追加的資金を提供する。次に，金融監督及び規制の強化についてである。つまり危機の根本的な原因のひとつが金融監督の失敗であるとみて，早期警戒を実施するために IMF と協働のもと，ヘッジファンドの動向，過度のレバレッジ防止，タックス・ヘイブンの問題，グローバルな会計基準の実現などに取り組むことにした。最後に世界的な金融機関の機能強化である[18]。

ロンドンで開催された第 2 回 G20 の主な成果は，上述のように世界規模での財政出動を合意したことであった。議長国の英国ゴードン・ブラウン首相は，4 月 2 日に開催される G20 ロンドン・サミットに向け，3 月 18 日に「Road to the London Summit」という報告書を発表した。この報告書は，「グローバル・ディール（The Global Deal）」という政策目標を掲げ，G20 においてどのような事項を合意するかを定めていた。グローバル・ディールは 8 項目の構成であるが，最初の項目において，世界経済を刺激する必要があることを示している。つまり G20 の会議が開かれる前に，イギリスとアメリカはすでに G20 のすべての国が同時に財政出動を行うことを決定していたのである[19]。

第 3 回目の G20 は，2009 年 9 月 25 日にアメリカのピッツバーグで開催された。この会議で取り上げられたテーマは，まず不均衡の是正問題である。アメリカのような経常収支赤字国家は貯蓄率を引き上げ，財政赤字を削減し，中国などの経常収支黒字国家は内需を拡大するという政策を立案する。次に各国の経済政策を相互監視する枠組みを 11 月までにスタートさせること，景気刺激策を継続すること，金融サミットを定例化し，国際経済問題を協議する中心的な会合にすることなどを盛り込んだ合意内容を宣言した[20]。

そしてピッツバーグ・サミットに続いて，11 月 7 日にセントアンドルーズにおいて開催された G20 財務相・中央銀行総裁会議では，各国が成長や赤字削減の中期目標を定め，その政策に対して相互監視などを行い，グローバル不均衡を是正していくことに合意した。それから 2009 年はイギリス，2010 年は韓国，2011 年はフランスが議長国を務めることを明文化した[21]。つまりこのピッツバーグ・サミットにおいて，正式に取り決められたのは，危機の原因はグローバル不均衡にあり，この問題を是正するために政策目標を定め，各国は

第1章 基軸通貨ドルとG20の役割

このことを相互監視するということである。

　世界経済の不均衡構造は持続不可能なものであり，この構図は今後の大きなリスクである。すなわちアメリカは多くのモノをアジア及びヨーロッパから輸入して，その輸出代金がアメリカに投資され，結局カネ余り現象を生み出し，アメリカにおいてはバブルの原因となっていると把握する。問題の構図をこのように捉えると，各国の政策協調の方向は明確である。アジアはアメリカ依存の経済成長から内需拡大成長へ経済構造を転換する必要があり，また黒字幅を縮小するために対ドル為替レートを引き上げなければならない。

　モノの移動によって貨幣の動きがコントロールされる。しかし貨幣的経済の崩壊は，貿易の問題ではなく，すべて貨幣の問題である。「金融恐慌は偶発的出来事であるというよりもむしろシステマティックなものであると考えるほうが適当であろう」[22]としたミンスキーは，資本主義経済において金融恐慌がどのようにして内生的に生み出されるのかを分析した。ミンスキーは，掛け繋ぎ金融，投機的金融，ポンツィ金融の相互作用と，それがどのような過程を通じて恐慌に至るのかを詳しく分析したが[23]，このような分析を主流派経済学が正面から取り上げることは稀である。ミンスキーの主張した金融不安定仮説は閉鎖モデルではあるが，このモデルを開放経済に拡張した時も，その分析視角は妥当である。開放経済においては為替投機によって貨幣システムが崩壊し，そのことが実物経済の動きを麻痺させるのである。

## 4 ソウル宣言と為替レート

　第4回G20首脳会議の前，2010年10月22日-23日に韓国の慶州において，20カ国・地域財務相・中央銀行総裁会議が開かれた。この会議において，11項目のコミュニケが発表された[24]。その内容は，全体的に新興国と先進国，その中でも中国とアメリカのそれぞれの主張，つまりIMF改革と為替レートに関する内容が合意の柱として盛り込まれている。まず第2項では，外国為替市場への介入を排除し，各国のファンダメンタルズを反映する「市場で決定さ

23

れる為替レートシステム」に移行することを明らかにしている。

　そして第5項において，IMF改革に関する内容を取り上げている。2012年の年次総会まで新興国・発展途上国に6％以上の出資割り当てを移転し，順次出資割り当て見直しを実施する。また理事の数を現行24人で維持しながら，先進国の理事枠を2つ減らして，その議席を新興国の枠とし，なお全理事を選任する制度に移行する。また理事会の構成を8年ごとに見直すことに合意した[25]。

　中国は，以前からアメリカによって左右されるIMFの改革を求めてきたが，その改革のうちひとつが出資比率問題である。一方アメリカは，中国が毎年膨大な貿易収支黒字を出していることを根拠として，元が安すぎると主張してきた。このような状況を背景として，20ヵ国・地域財務相・中央銀行総裁会議においては，「市場で決定される為替レートシステム」と「IMF出資割り当て6％」を交換した形での合意となった。ところが，IMF改革に関しては明確な数値目標が含まれている半面，為替レートについては具体的な目標が示されていない。当然アメリカは数値目標を定めることを要求した。つまりアメリカは，経常収支の不均衡を是正するために，経常収支の黒字または赤字を2015年までにGDP比4％以内に制限することを求めた[26]。結局，この要求は，今回の合意では受け入れられず，G20ソウル会議に委ねられた。

　ところで，この合意によって，中国をはじめとした新興国はどのようなことが得られたのだろうか。IMF出資割り当てを6％以上に引き上げた場合，中国の出資割り当ては現在の6位から3位となり，韓国は18位から16位になる。出資割り当ての順位が上位にシフトしたことはその国の経済力を反映している側面がある。また新興国出身の理事が2人増えることは，IMFの意思決定過程において，途上国に有利に働くことが予測される。しかしIMFの基本政策を変えるほどの影響があるわけではない。IMFにおいて決定される主な事項は85％以上の賛成を必要とする。アメリカは，出資割り当て比率を調整した後でも，17.41％を所有する[27]。

　「市場で決定される為替レートシステム」とした為替に関する内容は，言う

第1章 基軸通貨ドルとG20の役割

までもなく抽象的な表現であり,先に述べたIMF改革も大きな意味を持つものではなかった。このように20ヵ国・地域財務相・中央銀行総裁会議は具体的な解決策を示すことができないまま,議論の焦点を整理する形で終わった。この会議に引き続き,11月11日-12日に行われたG20ソウル首脳会議は,74項目で構成する合意文書,3つの付属書,G20政策公約集を発表して閉幕した[28]。この中でも,お互いに相手を監視することを予定している政策公約は重要な意味を持つ。表1-1は,通貨・為替に関する政策公約の中で,アメリカ,中国,日本のそれを比較したものである。

表1-1の示しているように,アメリカの政策公約のポイントは金融緩和とドル安であり,日本は金融緩和と円高抑制,中国のそれは金融緩和と漸進的改革,という内容である。この政策公約からも読み取れるように,具体的に対立していることは,人民元の為替レートの問題である。つまりアメリカは即時の人民元引き上げを,中国は漸進的変化を主張している。先にも述べたように,この問題の解決策として,アメリカが持ち出したのが経常収支の数値目標である。しかしこの要求は,財務相・中央銀行総裁会議と同じく,G20首脳会議においても,明文化はできなかった[29]。

表1-1 主要国の通貨・為替に関する政策公約

| アメリカ | ・市場で決定されるドル価値を追求<br>・雇用拡大と物価安定を2つの政策目標とした通貨政策<br>・長期目標とそれに関連する政策の透明性確保と追加的政策手段開発 |
|---|---|
| 中　国 | ・通貨政策の緩和基調を維持<br>・柔軟な為替レートのための改革<br>・バランスのとれた経常収支の促進 |
| 日　本 | ・包括的な金融緩和政策導入(無担保コール翌日物レートを0-0.1%で維持)<br>・中長期価格安定のための政策実施<br>・資産購入プログラムの作成<br>・為替レートのモニタリング実施と必要に応じて行動実施 |

出所:*Policy Commitments by G20 Members*, http://www.g20.go.kr/ 2010年11月20日アクセス。

それでは全く進展はなかったのか。G20 首脳会議において，唯一の成果とも言える合意がひとつあった。G20 首脳会議の合意文の第 11 項（ソウル・サミット後の相互評価システム）において，経常収支など世界経済の不均衡を是正するために，参考指針（indicative guidelines）を設けることに合意した。つまり経済成長の持続可能性を高めるために，G20 参加国が経常収支等において過度な不均衡を生んでいないかを評価し，その是正を要求する仕組みである。2011年上半期までにその指針を具体化し，2011 年の G20 フランス会議において，その指針を使用して政策評価を行うことを盛り込んだ。しかしこの合意の実行は具体的な数値作業を前提とするため，実行は不透明なところがある。

為替レートを変更することで経常収支赤字は削減できるか。少なくとも日本の経験はその逆である。日本とアメリカの間では，60 年代の繊維製品，70 年代のカラーテレビ，80 年代の自動車をめぐって，貿易摩擦が続いた。この状況の中で，プラザ合意によって速いスピードで円高が進んだが，アメリカ向けの貿易黒字は両政府が期待したようには減らなかった[30]。つまりアメリカは，40 年間にわたり，経常収支赤字を減らすために，相手国の通貨高を求めてきたが，問題解決には至ってない。

しかし，もしアメリカの政策目標が，経常収支の赤字削減ではなく，ドル安であるならば，G20 ソウル首脳会議は既にその目標を達成したと言える。主要国通貨の対ドル変化率を見ると，2010 年 7 月末を基準として，11 月 8 日の時点で，ユーロは 6.6%，円は 6.1%，ウォンは 5.8%，インドのルピーは 4.3%，ブラジルのレアルは 3.3%，元は 1.4% の高となっている[31]。

振り返ってみると，ブレトン・ウッズ体制の崩壊は，G7 を誕生させることによって，新しい世界秩序を生み出した。G7 は 1971 年のニクソン・ショック以後の一連の危機への対策として設けられた。第 1 回目の会議は，1975 年のランブイエ会議であった。この会合において参加国は，石油危機以後の世界経済の回復を共通目標とし，そのために国際通貨面において各国が協力して為替相場の乱高下を防止することを合意した[32]。

今回設けられた G20 も経済危機の克服を目的として出発し，第 3 回目のピ

# 第 1 章 基軸通貨ドルと G20 の役割

ッツバーグ会議において，G20 を国際経済協力の第 1 のフォーラムと位置付け，定例化を決めた。1975 年に発足した G7 と 2008 年に始まった G20 は，参加国が増加したこと以外は，その役割がほとんど同じものである。この 2 つの組織は，それが結成された時点において，世界 GDP 及び貿易量の大部分を占めており，世界的危機から出発して主に貨幣問題を話し合うための場を提供している。

ブレトン・ウッズ体制崩壊後，ドルの運命について，アインチッヒは次のように述べている。「ドルの交換性停止にもかかわらず，（中略）ドルはニクソン氏の声明以前に演じていた重要な役割の大部分をなお保持した。諸国中央銀行は，ドルを唯一のではないにしても主要な準備通貨および介入通貨として引き続き使用せざるをえなかった」[33]。アインチッヒの分析通り，ドルは，その後 40 年近く，基軸通貨としてのその地位を維持している。

国際通貨が歴史上最も安定した時期は，ナポレオン戦争と第 1 次世界大戦の間における 1 世紀であったと言われる。特に 19 世紀の最後の四半期と 1914 年までの間に，金本位制は複本位や不換紙幣にとって代わった。アインチッヒによれば，この時期の通貨変動の頻度と範囲は，貨幣史上どの時期と比べても，少なかった[34]。つまり金の貨幣的役割が大きく評価される主な理由のひとつは貨幣的かつ経済的象徴性を有しているからである。1 オンス 35 ドルのドル平価をもって出発したブレトン・ウッズ体制は金の貨幣的安定性を強く意識したものであったに違いない[35]。

1960 年代の後半からドルの投機的空売りが世界的規模で行われたのはよく知られている。ドル信認が低下して，ドルが売られるようになったことについては，アメリカの経常収支の赤字が続いていたことによるとトリフィン・ジレンマは説明する。しかし世界に流動性を供給する基軸通貨が 1 オンス 35 ドルというドル平価でレートが固定されていたことに注目しなければならない。アインチッヒは，「必要なのはドルの大幅切下げであって，これはドルの過大評価を是正するばかりではなく，アメリカの対外債務の金価値を引き下げることによってその過剰負担問題を解決したであろう」[36] と述べ，深刻な状況を避け

るためには,早い時期に大幅なドル切り下げが必要であったし,それが遅れたことによってドル危機を迎え,ブレトン・ウッズ体制が崩壊したと分析する。

周知の如く,ドル基軸通貨システムは,1971年12月にワシントンで先進10ヵ国蔵相会議を開催してドルの切り下げと為替変動幅の拡大を決定したスミソニアン体制を経て,1976年1月のキングストン合意において正式に金の廃貨を定めて,今に至っている[37]。つまりG7の創設はこの過程で生まれたのである。その後,70年代の日独機関車論,80年代においてはドル高是正と日欧の内需拡大をセットにしたプラザ合意,90年代に入ってからはクリントン政権による財政出動,そして今回の不均衡是正論といった要求が続いている。結局,それぞれの時代において,話題となる言葉は異なるものの,その結論はひとつ,つまりドル為替レートの引き下げである。

ブレトン・ウッズ体制において,ドルは1オンス35ドルという縛りがあったために,その地位が脅かされた。アインチッヒが指摘したように,早い時期にドル平価を切り下げたならば,ブレトン・ウッズ体制はより長く機能していたに違いない。しかしそのシステムが崩壊したのち,ドルは日欧の通貨を対象としてその切り下げを行い,基軸通貨としての役割を担ってきた。G20という枠組みは,ドル為替レートを切り下げるための新しい枠組みなのである。

## 5│基軸通貨としてのドルの地位

世界経済の再構築について,活発な議論が行われているなか,ドル基軸通貨体制への不安が広がっている。背景には,金融危機によってドルに対する信認が揺らぎ,このままであれば,各国においてドルの割合が高い外貨準備高の価値が目減りするだけではなく,現在の通貨システムが崩壊するという危機感が漂う。基軸通貨としてのドルはこれからもその役割を果たすことができるか。これからのドルの運命を議論する有力な3つの見解がある[38]。

ひとつ目は,今のような膨大な経常収支不均衡をアメリカが背負うことはできないので,ドルは基軸通貨としての役割を果たすことができないという観点

第1章 基軸通貨ドルとG20の役割

である。この観点に立つと、ドル為替レートの引き下げだけが今の危機的状況を打開する唯一な方法となる。2つ目は、ドル基軸通貨システムはもう限界まで来たので、新しい国際通貨システムを準備することを主張する。この議論では国際通貨としてのSDRの役割に注目する。最後の議論は、アメリカの経常収支赤字は、新しい問題ではないので、これからもドルは基軸通貨としての役割を果たすと主張する。

　まず経常収支不均衡論に注目する議論である。多くの経済学者は、今の世界経済が抱えている不均衡は持続不可能であると主張する[39]。つまり図1-2が示しているように、最近アメリカの不均衡はGDP比6％まで拡大しており、ここまで拡大したのは初めての経験である。このままでは世界経済がさらに不安定にさらされることになり、したがって為替レート調整などの対策を主張する。またカーシュナー (Kirshner) は、アジア通貨危機、LTCM危機、リーマンショックといった危機が国際社会にもたらす不安定さと不信感が増したことにより、国際協調は期待できないことを議論する。つまり70年代のドル危機、80年代の為替危機などは、プラザ合意のような国際的政策協調によって乗り越えてきたが、これからこのような協調は期待できないために、基軸通貨としてのドルについて悲観的な見解を示す。

　しかし図1-2の示しているように、アメリカの対外不均衡がGDP比6％を超えているとしても、イギリスのそれに比較すると、それほど大きなものではない。特にイギリスが非常に安定した成長を成し遂げたと言われる19世紀後半をみると、イギリスの不均衡は概ね5-10％の間を記録している。もちろん今と19世紀は通貨システムが異なるので、直接的比較は難しいかもしれない。しかし経常収支不均衡だけを取り上げるのであれば、大きな違いはない。

　次に国際通貨システムの改革が必要であるとする議論である。世界システム論をリードしてきたウォーラーステインと2001年にノーベル経済学賞を受賞したスティグリッツは、若干異なる観点から、基軸通貨ドル・システムの改革を求める[40]。殆ど同じ時期に、2人は、為替レート切り下げ競争が世界経済にとってプラスにならないこと、急激な変化は望ましくないこと、特に各国の協

29

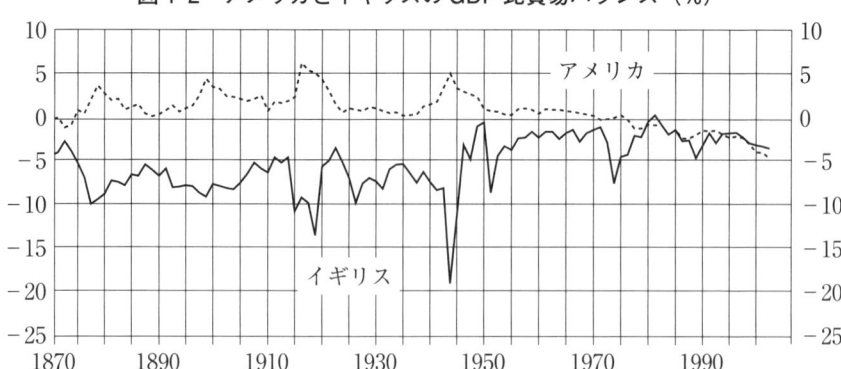

図1-2 アメリカとイギリスのGDP比貿易バランス（%）

出所：Bracke Thierry, Matthieu Bussiere, Michael Fidora and Roland Straub (2008), "A Framework For Assessing Global Imbalances", *Occasional Paper Series*, No. 78, ECB, p. 13.

力による経常収支不均衡問題の解決が必要であることなどを強調する。

　まずウォーラーステインが注目するのはアメリカの非対称的地位である。アメリカは，自国の通貨ドルが世界準備通貨となり，他の国とは違って，必要に応じて自国通貨を印刷することができる地位にある。またドルが基軸通貨として機能するためには，膨大な貿易収支黒字を出している，とりわけ東北アジア諸国の協力が必要である。その協力とは，ドルを交換手段として利用するだけではなく，余ったドルを財務省証券の購入といった投資手段として利用することを前提とする。しかし問題はドルの為替レートが，他の通貨に対して，一貫して切り下げられてきたことに注目する。

　ドルの価値下落によってアメリカ国債への投資利益がさらに減少し，貿易黒字から発生する利益を相殺してしまう局面を迎えた場合は，ドル売りは加速化し，ドルの信認はなくなると説明する。このような事態を迎えると，現実的にドルに代わる基軸通貨は存在せず，世界は多極通貨時代に突入することになり，1930年代と同じく，世界は混乱期に入る。最後にウォーラーステインは，IMFのカン総裁の言葉を引用し，通貨戦争は痛いダメージを与えると結論付ける。

第 1 章 基軸通貨ドルと G20 の役割

　この状態が進むと，世界は物々交換時代に逆戻りするかもしれないとウォーラーステインは警告する。ウォーラーステインが主張するのは，現実的に基軸通貨になれるのはドルのみであり，すべての通貨を同時に切り下げることはできないので，システムが崩壊せず安定するためには，東北アジアとアメリカが協力する必要がある，と理解される。つまりウォーラーステインが出した処方箋は，アメリカはドルの増発は自制し，東北アジアには経常収支不均衡問題を調整する義務を課している。

　このような論点はスティグリッツにおいても大きな違いはない。まずスティグリッツは，世界経済を復興させるためには，為替レートの切り下げではなく，各国による協力体制を構築することを求める。また経済状況が低迷しているときに，為替レートを引き下げて輸出拡大を図る政策は，政策立案者にとって，選択し易い政策であるが，今のような脆弱な国際経済環境の下では，結局各国にとってダメージの方が大きいと主張する。スティグリッツの出した処方箋は，IMF の SDR のようなシステムを取り入れた，新しい基軸通貨システムを構築することである。新しい基軸通貨システムの導入を主張する背景のひとつには，国際総需要の問題がある。多くの国は，自国の通貨を防衛するために，ドル買いにより膨大なドル資産を蓄積しているが，この蓄積は経済的に意味を持ってない。それだけ総需要を減少させる。これは世界経済にとってひとつのジレンマである。

　現在の状況をこのまま放置すると，1971 年にアメリカはブレトン・ウッズ体制を一方的に崩壊させたように，現システムの崩壊もありうる。このような結末を避けるためには，まず国際協力によって，経常収支不均衡問題を和らげ，中長期的には新しい基軸通貨システムをデザインする必要があることを訴える。世界経済が持続的に発展していくために，2 人の学者が共通して主張しているのは，通貨切り下げ競争を避けること，保護主義のような措置を撤廃すること，国際協調を進めること，そして経常収支不均衡問題の解決に取り組み，中長期的には世界経済を安定させる新しい基軸通貨システムを検討することなどである。

最後に，現在の状況は，ブレトン・ウッズⅡ体制であり，危機を迎えているわけではないと主張する議論である[41]。新興国は，自国の通貨安を通じて，アメリカへの輸出拡大による成長戦略をとっており，それによって国際不均衡は発生していると分析する。またこのような状況は，新しい現象ではなく，1970年代と同じ構図であるとし，当時は日本及びドイツ等のヨーロッパがアメリカの周辺国を形成したが，今はその役割を中国と韓国などが担っている，と分析する。新興国の黒字とアメリカの赤字といった構造を前提とするブレトン・ウッズⅡ体制は，新興国にとっても，アメリカにとっても利益が大きいので，経常収支不均衡問題が自動的に調整されることは難しい。

　以上検討してきた3つの視点は，共通点をひとつ有する。それは，経常収支不均衡問題と国際通貨システムの不安定は何らかの因果関係を有するという視点である。またどのような国の通貨が基軸通貨となるのかを議論する時に，経済規模が大きくて経常収支が黒字であることをあげる場合が多い。このように考えると，基軸通貨国が経常収支赤字に陥ると，当然ながら通貨システムが不安定になり，まさに今は危機的な状況を迎えていることになる。

　ケインズは，『貨幣改革論』のフランス語版の序文において，為替レートと貿易収支の関係について，次のように説明する。「よく耳にする議論に，フランスは豊かでつましく，かつ勤勉な国であるとか，あるいはその貿易収支は一見うまくいっているという理由で，フランは価値が下がらないというのがある。これも，貨幣の価値を究極的に支配しているものが何であるかについての混乱から生じている。(中略) フランスの富と貿易収支とにより，当局が健全な貨幣政策をめざしやすくはなるかもしれない。しかしこの両者は同一物ではない。一国の貨幣単位の価値はその国の富の関数ではないし，貿易収支の関数でさえもないのである」[42]。

　このようにケインズは為替レートと経常収支の直接的関係を否定した。統計を見る限り，このことは昔も今も当てはまる。さらにストックとフローの概念を用いると，両者の関係はより明確である。為替レートは，外国為替市場において決定される。この取引はストック取引であり，基本的に資本収支の変化は

発生しない。何故ならば為替の取引は常に等価交換が発生するからである。一方経常収支はフローの取引であり，この取引が資本収支の変動に関わるのである。つまり為替レートと経常収支は，通貨量と物価との関係と同じく，長期的変動とは関係しているとしても，そもそも性質が異なる取引である。長期的には皆死んでしまうのである[43]。

## 6│ 結び─基軸通貨の条件

　ドュリー（Dooley）らは，現在の状況をブレトンウッズⅡ体制と捉え，新興国とアメリカにとって，利益があるので，基本的に安定すると分析した。私は，「安定する」という結論に同意するものの，それは経常収支の問題ではないと主張する。それは，第2章で議論する，「2つの貨幣論」のアプローチから説明できる。

　私は，新しく誕生したG20について，それはドル為替レートを引き下げるための組織であると分析した。ドルの過去を検討すると，ある通貨に対しては為替レートを引き上げ，ある通貨に対してはその為替レートを引き下げる歴史である。なぜなのか。それが基軸通貨生存の条件であるからである。基軸通貨は基本的に2つの要素を必要とする。つまり価値貯蔵と流動性供給である。トリフィンは，ブレトン・ウッズ体制の下では，この2つが両立することはできないジレンマがあり，それが通貨システムが不安定になる原因であると分析した。その通りである。よく知られているように，金からドルを切り離したニクソン・ショックはこれが原因である。

　開発途上国，例えばベトナムでは，人々はドルを喜んで受け取る。何故ならば，ベトナムのドンに比べてドルの将来価値がより高く，ドン安が進むと，皆が予測しているからである。この場合，ドルは価値貯蔵手段として使われる。一方流通が広がることは価値を下げることを前提する。価値が下がらないと次の人に手渡さないからである。

　1960年代にドル危機を迎えたのは，ドルの価値が金に固定されていたため

に，ドル為替レートを引き下げることができなかったのが原因である。そして1970年代に入り，ドルは金との関係を打ち切り，円とマルクを対象としてドル安を進めた。つまりこの時期から円とマルクは金の役割を果たすようになった。ドルの流通が広がるにつれて，金となった通貨も増えていた。それが今のG20である。すべての通貨に対して，為替レートを引き下げていくと，皆が受け取らなくなり，基軸通貨としての寿命は終わる。しかし現在の世界においては，ドルに対して自国通貨の為替レートを引き下げる国の数が，それを引き上げる国の数よりはるかに多い。

注
1）Keynes, 訳 p. 119。
2）ポスト・ケインジアンは，今回の金融危機の原因について，ケインズ-ミンスキーの理論構造で説明を与えている。詳しくは Sen (2010) を参照されたい。
3）『日本経済新聞』，1986年9月26日，朝刊，「プラザ合意の成果（大機小機）」。
4）モンゴルの不換紙幣は約80年間，価値は百分の一に下がりつつも国際基準通貨の位置を保った。20世紀のアメリカドルとほぼ同じ下落率であるという。不換紙幣が国際基準通貨として用いられているのは，大モンゴル帝国の盛時と1972年以降の米国ドルだけである。堺屋太一（2007），「解説—世界を創った男チンギス・ハン」『日本経済新聞』2007年5月20日，朝刊。
5）アメリカの住宅価格の高騰は，カリフォルニアやニューヨーク，フロリダ等，いわゆるリゾート地や主要大都市に集中していたが，グリーンスパンはこうした局所的な住宅価格高騰現象に注目した。内閣府（2005），pp. 44-46。
6）チャイメリカとは，中国（China）とアメリカ（America）を合わせる用語として，ハーバド大学のファーガソン（Ferguson, N.）氏とベルリン自由大学のシュラリック（Schularick, M.）氏が使用し始めた言葉である。チャイメリカは世界人口の25％，地球面積の13％を占めており，この用語は，世界経済の中心的な役割を演じる中国とアメリカ経済の組み合わせを描くために用いられた。詳しくは，Ferguson（2008）を参照されたい。
7）Zakaria (2009)
8）Ferguson Niall and Moritz Schularick (2009) Times, Nov. 16. またチャイメリカというのは，ギリシャ神話に出てくる3つの動物（ライオン，ヤギ，蛇）の組み合わせで出来たモンスターの名前であるキメラ（chimera）から部分的に引用した用語であると言う。世界経済の均衡を回復するためにはこのモンスター体制を解体する必要があると主張する。
9）アメリカの財務省もグローバル・インバランスの縮小が経済危機と国際貿易量の落ち込みの直接的原因ではないと分析している。U. S. Department of the Treasury (2009), pp. 9-10。

10) Krugman（2009）．このような認識は，より大胆な流動性供給が必要であることを主張するものである。
11) 大きく膨らんだマネーは商品相場にも流入している。国際商品の総合的な値動きを示すロイター・ジェフリーズ CRB 指数（1967 年平均= 100）は 10 月 25 日に約 2 年ぶりに 300 を突破して危機前の価格となり，銅などの非鉄金属や大豆などの穀物や金も一段高となっている（『日本経済新聞』2010 年 10 月 28 日，朝刊）。
12) 『日本経済新聞』2010 年 10 月 17 日，朝刊。
13) 『朝日新聞』2010 年 10 月 20 日，朝刊。
14) 1999 年から 20 ヵ国・地域財務大臣・中央銀行総裁会議（G20 Finance Ministers and Central Bank Governors）が開催されてきたが，世界経済危機を議論するために，2008 年 11 月からは 20 ヵ国・地域首脳会合（G20 Summit）が開催されるようになった。正式名称は「金融・世界経済に関する首脳会合」（Summit on Financial Markets and the World Economy）である。
15) UNITED NATIONS (2009), pp. 109-131.
16) Zhou, p. 1.
17) ロシアのメドベージェフ大統領は，「通貨システムも含む新たな体制を作らない限り，これから 10 年の繁栄はない」と述べ，フランスのサルコジ大統領も同意のことを述べた（『朝日新聞』2009 年 4 月 2 日，朝刊）。
18) アメリカでは 2 年間で 7,872 億ドル（名目 GDP 比 5.7％），欧州各国は総額 4 千億ユーロ（名目 GDP 比 3.0％），日本は 57 兆円（名目 GDP 比 11.2％）などである（経済産業省，2009, p. 146）。また IMF 資金を 7500 億ドルに 3 倍増，2500 億ドルの特別引き出し権（SDR）新規配分を支持，国際開発金融機関による 1000 億ドルの追加的貸付を支持，2500 億ドルの貿易金融支援を確保，最貧国向け譲許的貸付などが合意された（『日本経済新聞』2009 年 4 月 4 日，朝刊）。
19) HM Government, p. 8.
20) 『日本経済新聞』2009 年 9 月 27 日，朝刊。
21) 政策協調のために具体化した日程は以下の通りです。2010 年 1 月までに各国の政策枠組み，計画，予測を提示する。2010 年 4 月に制度的な取り決めを考慮しつつ，共通目的との集合的な整合性についての IMF 及び世界銀行の分析による支援を受けて，協力的な相互評価プロセスの最初の段階を実行する。2010 年 6 月の次回サミットにおいて，目的を達成するためのまとまった政策オプションを作成する。2010 年 11 月の次回サミットにおいて，相互評価を再検討し，より詳細な政策提言を作成する（『日本経済新聞』2009 年 11 月 10 日，朝刊）。
22) Minsky，訳 p. 101。
23) 同上，pp. 106-109。
24) 20 カ国・地域財務相・中央銀行総裁会議の慶州コミュニケは韓国の『聯合ニュース』（2010 年 10 年 23 日）による。全文は英語で発表された。
25) 為替レートと IMF 改革の他に合意された主な内容は以下のとおりである。先進国の財

政健全化が必要，為替の競争的な切り下げを回避，ガイドラインに従って過度の不均衡が持続する場合は経常収支目標制を実施，11月のソウル・サミットに持続可能な成長のための包括的な行動計画を提出，銀行の新たな自己資本規制の期限内の完全実施，などである。

26) この要求は，ガイトナー財務長官が慶州会議の直前に参加国に送った書簡を通じてであった。この書簡で4%という数値目標の根拠は示してない。中国の経常収支黒字はGDP比約4.7%である。『聯合ニュース』（2010年10月21日）。

27) 新たな出資比率は，アメリカの次に日本が6.46%，中国が6.39%である（『時事通信』2010年11月6日）。

28) G20ソウル首脳会議に関する資料は，公式ホームページを参照されたい（http://www.g20.go.kr/）。

29) 経常収支の数値目標は，中国だけが反対しているわけではない。ドイツも正面から反対の意見を述べており，日本も消極的である。世界は，中国とアメリカの対立軸のみならず，7つの対立軸があるという。経常収支黒字国 vs 赤字国，為替操作国 vs 被操作国，財政緊縮国 vs 積極国，民主主義国 vs 独裁国，西側 vs その他，干渉主義 vs 主権主義，大国 vs 小国などである。このうち，アメリカと中国は主権主義を一緒に主張している。詳しくは，Rachman (2010) を参照されたい。

30) 日本の財務省関係者は，結局経常収支の数値目標があっても，アメリカが海外で売れる競争力のある商品を生産しなければ，経常収支赤字は改善しないと指摘している（『朝日新聞』2010年10月24日，朝刊）。

31) 『時事通信』2010年11月12日。

32) 当時フランスの大統領であったジスカール・デスタンの提案によりG7が始まったとされる。第1回目の1975年のランブイエ会議から始まり，日，米，英，仏，独，伊の6か国の首脳が参加したが，1976年のプエルトリコ会議からはカナダが参加して正式にG7となった。1977年からは欧州委員会委員長も参加し，なおロシアが参加することにより1998年のバーミンガム会議からはG8という用語が用いられた（外務省ホームページ）。

33) Einzig, 1972a, 訳 p. 242。

34) Einzig, 1972b, 訳 p. 11。

35) 元々ドル平価は最初1オンス20.19ドルであったが，1オンス35ドルとなったのは1934年からである。一方ポンドの金平価は，1816年の金本位制採用以来ずっと1オンスにつき84シリング10.5ペンスであった（Einzig, 1972a, 訳 p. 81）。

36) Einzig, 1972a, 訳 p. 86。

37) スミソニアン会議において，金とドルの交換率は，1オンス=35ドルから38ドルへ引き上げられ（ドルは7.89%切り下げ），円は1ドル=360円から308円（16.88%切り上げ）となった。

38) Helleiner Eric and Jonathan Kirshner は，「これからのドルの運命」に関する議論を，3つのカテゴリで纏めて紹介している。3つのカテゴリは，マーケット・アプローチ，制度的アプローチ，地政学的アプローチである。

39) Feldstein (2008) がこれに属する。
40) 以下の内容は，次の文献による。Wellestein (2010)，Stiglitz (2010)．
41) ブレトン・ウッズⅡ体制論は，Dooley (2003)，(2007)，(2009) において，展開している議論である。この議論は，固定相場の下では，このシステムは安定していると分析する。つまり今のような為替レートの乱高下がこのシステムを弱体化していると分析する。これに対して，Roubini (2005) は，中国の元とドルは基本的に安定していないことを議論する。つまり為替レートの変化がシステムを不安定化するのではなく，新興国の過度な経常収支黒字によって為替レートが不安定になっているという。
42) Keynes, Vol. Ⅵ, 訳 p. xxiii。続いてケインズは，フランの価値を決定するものとして，現在および将来におけるフランの流通量，フランス国民がフランの形で持とうする購買力の量をあげている。
43) 同上，p. 66。

**参考文献**

Bracke Thierry, Matthieu Bussiere, Michael Fidora and Roland Straub (2008), "A Framework For Assessing Global Imbalances", *Occasional Paper Series*, No. 78, ECB.

Caballero, R. J., Farhi, E. and P. O. Gourinchas (2008), "Financial Crash, Commodity Prices and Global Imbalances", *Working paper*, No. 14521, NBER.

Cohen, Benjamin J. (1998), *The Geography of Money*, Cornell University Press.

Dooley, M. P., F-Landau, D. and P. M. Garber (2003), "An Essay on The Revived Bretton Woods System", *Working paper*, No. 9971, NBER.

——— (2007), "The Two Crises of International Economics", *Working paper*, No. 13197, NBER.

——— (2009), "Bretton Woods II Still Defines the International Monetary System", *Working Paper*, No. 14731, NBER.

Einzig, Paul (1972a), *The Destiny of the Dollar*. 石崎昭彦・中野広策訳 (1974),『ドルの運命』東洋経済新報社。

——— (1972b), *The Destiny of the Gold*. 加瀬正一・幸田精蔵訳 (1974),『金の運命』日本経済新聞社。

Feldstein, M. S. (2008), "Resolving the Global Imbalance: The Dollar and The U. S. Saving Rate", *Working paper*, No. 13952, NBER.

Ferguson, Niall (2008), *The Ascent of Money: A Financial History of the World*, Penguin Press.

——— and Moritz Schularick (2009), "The Great Wallop", *The New York Times*, Nov. 16.

Helleiner, Eric and Jonathan Kirshner (2009), "The future of the dollar: whither the key currency?", *The future of the dollar*, Cornell University Press.

HM Government (2009), *The road to the London Summit: The plan for recovery*, The London Summit 2009.

Keynes, J. M. (1971), *A Tract on Monetary Reform*, CW 4, Macmillan. 中内恒夫訳 (1978),『貨

幣改革論』東洋経済新報社。
Kirshner, Jonathan (2009), "After The (Relative) Fall: Dollar Diminution and the Consequences for American Power", *The future of the dollar*, Cornell University Press.
Krugman, Paul (2009), "Fighting off Depression", *The New York Times*, Jan.4, 2009.
Minsky, Hyman P. (1982), *Can" It" Happen Again? –Essays on Instability and Finance–*, M. E. Sharpe. 岩佐代市訳 (1988),『投資と金融』日本経済評論社。
Rachman, Gideon (2010), "The G20's seven pillars of friction", *Financial Times*, Nov. 8.
Roubini, Nouriel (2005), "Will the Bretton Woods 2 Regime Unravel Soon? ― The Risk of a Hard Landing in 2005-2006". http://www.stern.nyu.edu/globalmacro/
Sen, Sunanda (2010), "The Meltdown of the Global Economy: A Keynes-Minsky Episode?", *Working Paper*, No. 623, Levy Economics Institute of Bard College.
Stiglitz, Joseph E. (2010), "A Currency war has no winners", Gaurdian, 1st. Nov.
UNITED NATIONS (2009), *Report of the Commission of Experts of the President of the United Nations General*, Assembly on Reforms of the International Monetary and Financial System, September 21, 2009.
U. S. Department of the Treasury (2009), *Report to Congress on International Economic and Exchange Rate Policies*, Office of International Affairs, October, 2009.
Wellestein, Immanuel (2010), "Currency Wars? Of course". http://www.iwallerstein.com/
Zakaria, Fareed (2008), "A path out of the woods", *Newsweek*, Dec. 1, 2008.
Zhou, Xiaochuan (2009), "Reform the international monetary system", *BIS Review*, 41, 23 March.
経済産業省 (2009),『通商白書』経済産業省。
内閣府 (2005),『世界経済の潮流』2005年秋号, 内閣府。

# 第 2 章　2つの貨幣

## 1 | はじめに

　世界経済に新しいビジョンを示すはずであった21世紀の始まりは，ニューヨーク株市場の暴落とエマージング・マーケット株式市場の同伴下落に象徴されるように，その不安定さがますます増幅している。さらに激しい為替下落に見舞われている南米のエクアドルは，通貨安定を求めてダラーライゼーション（dollarization）の計画を発表したものの，経済危機を治めることができず，ついに軍事クーデターに直面した。

　世界におけるこのような社会不安は実は南米に限らず，多くの開発途上国が抱える共通現状でもある。21世紀はアジアの時代であるという認識が一般化している背景とは逆に，1997年に厳しい経済危機を経験したアジアの各国は，最近になって成長率と物価指数といったマクロ指標においては上向きのデータを示しているものの，高失業率と社会不安のようなより根本的な問題は未だに解消されていない。

　発展途上国はなぜ自国の通貨価値を繰り返して切り下げざるを得ないのか。韓国は1996年にOECDの仲間入りを果たしたが，その翌年にウォン為替の大暴落から始まった通貨危機を迎えた。このデフォルト危機を回避するためにIMFに緊急融資を申し入れたが，当時の韓国社会の困難は，通貨問題に止まらず，多くの企業は信用収縮により資金繰りが厳しくなり，大宇を始めとした大企業や大手銀行が相次いで倒産に追い込まれた。その結果，失業者が大量発生し，自殺者が急増するなど様々な社会問題が引き起こされた。アメリカの住宅バブル崩壊に端を発した2008年の危機は，ウォン為替が大幅に下落するな

ど漸く立ち直った韓国経済を再び直撃している[1]。

しかしこのような恐怖は韓国経済に限るものではない。世界経済危機が表面化した2008年9月から2009年5月現在まで，IMFから金融支援が承認された国は16ヵ国に上る。その中で，アイスランド，メキシコ，ハンガリー，ポーランドは先進国クラブOECDの加盟国である[2]。さらにこの経済危機により，ハンガリーとアイスランド，ラトビアにおいては，すでに政権が崩壊し新しい政府が誕生した。

このような困難が続いている危機の原因についてIMFは，リーマン・ブラザーズやAIGといった西欧の金融機関が自らの支払い能力や借り換えの問題に直面したことが急速に危機を広げたと分析した。つまり新興国に対する西欧の金融機関からの過剰融資が引きがねとなった[3]と分析しているが，それは危機発生の経路についての説明であって，その背後にある根本的な原因に関する分析ではない。債務危機と言われた1980年代の危機も，為替投機と言われた1990年代の危機もその中身は為替レートの暴落によるデフォルト危機であった。この問題について，2つの有力な理論がある。ひとつは国際収支危機モデル（A model of balance of payments crises）であり，もうひとつは自己実現期待論（A self-fulfilling expectations theory）である[4]。

国際収支危機モデルはファンダメンタルズの悪化から為替投機の原因を求めるものである。つまり固定相場制を採用している地域において，マクロ経済指標が悪化していくと為替レートの切り下げ圧力がかかることになるが，この事態を予測する市場参加者によってその地域の通貨が投機的攻撃を受けるという。ファンダメンタルズの内容としては論者によって少々異なるが，主に財政赤字・高インフレ・国際収支赤字の問題などが含まれる。しかしこのモデルはファンダメンタルズが悪化している地域の通貨であっても為替投機の対象となってなかった理由は説明できない。つまりファンダメンタルズの悪化は為替投機の十分条件ではない[5]。

次に自己実現期待論はマクロ経済パフォーマンスに問題がなくても市場参加者の意思決定によって為替投機が発生することを説明する。つまり為替投機

は，ファンダメンタルズの状態によるものではなく，市場参加者の予測に左右されるとしたところにこのモデルの特徴がある。しかしこのモデルは，約80年前に為替投機の心理的要因を注視した「アフタリオン説」とケインズの説明した「美人投票説」が示した理論，つまり為替レートの変動は心理的要因であるとした研究を超えるものではい。このモデルの主研究者であるオブストフェルド（M. Obstfeld）は市場参加者の意思決定に影響を与える変数として外貨保有高と失業率を強調する。しかしこれらの変数こそが，国際収支危機モデルで強調していたファンダメンタルズの悪化の問題である。したがって自己実現期待論が国際収支危機モデルの限界を克服したとは言えない。

　南米危機，アジア危機，ロシア危機といった比較的に最近経験した危機も，戦前主な銀使用国であったエジプト，メキシコ，インド及び中国経済を混乱させた銀投機による危機も，さらに遡って15世紀の国際貿易時代の危機においても，ひとつ共通するものがある。それは自国通貨価値の激しい切り下げ問題である。戦後IMF体制は金1オンス35ドルの価値を与えることから出発した。それから約60年が過ぎた現在，金1オンスの値段は平均して約1,500ドル前後まで上昇している。つまり戦後の通貨史は大幅なドル切り下げの歴史でもある。その間，円為替は1ドル360円から80円前後まで円高が進んだ。しかし日本のように，自国の通貨価値がドルに対して切り上げられてきた国は非常に少ない。むしろ多くの国においては，ドル価値の切り下げより，自国通貨価値の切り下げ幅がより大きい[6]。

## 2│ ケインズからミンスキーへ

　金融市場が本来不安定なものであることを体系的に明らかにしたのはケインズである。不確実性が行動上の慣行によって打ち消されている状態ではその行動には安定性と規則性が伴う。しかしケインズは，「慣行というものは，絶対的な観点からみればきわめて恣意的なものであるから，弱点をもっているとしても驚くにはあたらない」[7]と指摘している。ケインズは，金融市場の慣行の

脆弱性の主要な5つの要因をあげている[8]。

　第1に，投資家は，特定の事業の現在及び将来の事情について特別の知識を欠けており，このことは行動の安定性を欠くものとなりがちである。第2に，株式市場というものは本来日々の利潤の変動が必要以上に重視されがちである。第3に，日々の殆どのニュースは，企業業績となんら関係のないものであっても，多数の無知な個人の群集心理の産物として評価に劇的なもたらしがちである。第4に，専門的な投資家は，「資産の全存続期間にわたる予想収益を予測する活動」に従事するのではなく，むしろその時間を投機，つまり「市場の心理を予測する活動」に務めているのである。金融市場の不安定性をもたらす最後の要因は，主要金融機関がどのような見通しをもっているかである。主要金融機関の決定いかんにより，投資家の冒険を可能にすることもありうる。

　投資市場において，ケインズのいう企業活動よりも投機のほうが多くなるということはそれだけ不安定性を増すことであり，これは経済パフォーマンスに深刻な悪影響を与えることを意味する。つまり「投機家は，企業の着実な流れに浮かぶ泡沫としてならば，何の害も与えないであろう。しかし，企業が投機の渦巻のなかの泡沫となると，事態は重大である。一国の資本発展が賭博場の活動の副産物となった場合には仕事はうまくいきそうにない。」[9]というケインズの指摘のように，金融市場の不安定性は経済パフォーマンスに破壊的な影響を与えかねない。

　以上のようなケインズの分析は，のちにミンスキーによって精密化された。資本主義経済は基本的に金融の不安定なシステムであるとミンスキーは論じた[10]。なぜ不安定なのか。ミンスキーは，「企業の金融取引全体に占める金融投機の比率を高めてきた流れは，資産価格の騰貴をもたらし，投資を拡大させている。そのことが雇用の改善，産出高および企業利潤の改善を導き，それが逆に企業家や銀行家たちに投機的金融の試みが正解であったことを実証してみせたのである。このような脱線傾向を増幅する反応が不安定なシステムの特徴である」[11]と述べ，金融不安定の根底に投機的金融（speculation financing）があることを明らかにした。

なぜ資本主義経済は投機的金融になりがちなのか。ミンスキーは金融構造を3種類の資産ポジションに区別しヘッジ金融が投機的金融へと推し進められる推進力が資本主義経済に内在すると分析した。資本主義における取引は基本的に利潤を稼ぐことを目的とするために現在資産価値の上昇は将来価値をも増幅させる。このような需要の増加はますます資産価値を上昇させてその過程で資本利得が発生するが，これは極めて短期的金融ポジションを取ることによってより加速化する。つまり投資が増加するということは短期の支払取引契約が増加することを伴う[12]。したがって投機的金融というのは満期になった負債をころがす金融でもあり，長期ポジションを獲得するための短期金融による資金調達を行う金融でもある[13]。このことが資本主義経済を内生的に不安定化する金融的要因である。

　ミンスキーは以上のように金融的要因をもって資本主義経済に内在している問題として投機を捉えた。しかし投機現象は資本主義経済に限ることではない。

## 3│ 貨幣の導入

　新古典派経済学においては，貨幣は常に中立的なものであり，経済界の外に置かれる。貨幣が意味のあるものとして入ってくるときは，単純な交換手段及び支払手段としてであって，貨幣そのものが中心的な役割を演じることはない[14]。為替レートの変化についてもそのスタンスは同じである。つまり多くの場合，経済学に貨幣が登場するのは，市場メカニズムの運動を円滑にするための潤滑油の役割である。

　自給自足の経済から一歩進んだ社会へ進化するためには不便なバーター経済を維持することはできない。それである財と他の財を交換するためにはそれを媒介するものが必要であり，貨幣はそのために生まれる。しかし原始経済のイメージとしてバーターの世界を置き，その後分業と共に貨幣が交換の媒介機能を担うために誕生したとするこの教えは，史料研究等によって裏付けられたものではなく，実は架空のストーリーである。

この大きな誤りについてポランニーの次の指摘はとっても妥当なものである。「伝統的な貨幣論では，貨幣を主として交換手段だと見なしている。そういうことは，最初にバーターがあるとか，それを促進する行為が存在するということを仮定することでもある。（中略）スミスやリカードウでなくても，社会学者のスペンサーやデュルケム，モース，ジンメルもまた，分業が交換を含むという市場経済的誤謬の犠牲となった。だから，貨幣を交換手段と定義する運命的な過誤は人類学者たちによって敷衍され，無文字社会にさえも適用されたのである」[15]。このポランニーの痛烈な批判のように，主流派経済学は，自給自足―バーター経済―分業―貨幣といった作り話に基づいて理論構成を行ったのである。古典派経済学とケインズ経済学の違いは物理学世界のニュートンとアインシュタインの世界に類似している。

　ニュートン物理学には2つの特徴がある。まず空間と時間は絶対的に分離されて相互影響し合うことはないとみなす。そして空間はユークリッド的なもので，時間は時計及び観察者の位置とは無関係で絶対的なものであると考える。もうひとつは還元主義的体系である。宇宙空間内のすべての質点の位置，質量，運動方向，速度が分かれば，あらゆる未来の事象は運動の法則によって完全に決定されると考える。宇宙全体の行動がその個々の部分に完全に依存する，つまり全体はその構成要素の集合であり，部分の和が全体を構成する。

　空間と時間の完全な分離は，古典派経済学においては市場と貨幣という言葉で根をおろしている。経済学テキストで用いられているすべてのグラフはその上に正確に変数を特定することができ，またお互いに独立的である需要と供給はグラフの空間上で交差する均衡点を導き出す。このような考え方によって，理論総合として示されたのがレオン・ワルラスの世界，つまりすべての財市場の需給が一致して競争的均衡価格が存在する一般均衡理論の世界である。

　古典派経済学における貨幣はニュートン体系の時間に相当するものである。貨幣は市場から切り離されており，貨幣が登場するのは便宜上のものである。すなわち古典派経済学の理論体系は，雇用及び生産量そして投資を決定する経済の実物サイドと，一般物価水準を決定する経済の貨幣サイドを完全に切り離

す2分法を採用している。なおニュートン体系がもつ還元主義は古典派経済学においても重要な概念となった。この考え方にたてば，社会は単に個々人の構成要素に過ぎず，要素それぞれの独立した運動法則はありえない。すなわち個人の行動がミクロ理論の基礎となり，この基礎から洗練されたマクロ経済学理論が構築される。そして最新の国際経済学理論も例外なくミクロ理論から出発しており，為替レート変動に関しても基本的には需要と供給の曲線上で説明される。

　ところがアインシュタインの相対性理論はケインズに大きな影響を与えた[17]。このことについてケインズは，『一般理論』で次のように述べている。「古典派の理論家は，非ユークリッド的な世界にあって，一見したところ平行な直線が経験上しばしば交わることを発見して，現に起こっている不幸な矛盾を解決する唯一の救済策として，まっすぐになっていないことの責任は線にあると非難するユークリッド幾何学者に似ている。本当は，平行の公理を放棄して，非ユークリッド幾何学を構築するよりほかの救済策はないのである。これと同じようなことが今日経済学において求められている」[18]。このケインズの言葉は，古典派経済学の2つの公準を斥け，非自発的失業問題を導入するときに用いられたものであるが，古典派経済学との違いを鮮明にした説明でもある。ケインズは自らの理論を「貨幣的生産の理論」と名付け，古典派経済学を「実物交換の経済学」と呼んだが，ケインズにとって「貨幣的生産」は，アインシュタインの時空の世界と同じ次元のものである。古典派経済学が労働市場と資本市場とで単純な2分法を用いたことに対して，ケインズは有効需要と流動性選好という概念をもって貨幣と生産を結合させた。

　このような思想のもとでケインズの『一般理論』は誕生したが，ケインズが一貫して攻撃した経済理論はセイの法則である[19]。供給はそれ自ら需要を生み出すとするセイの法則は，景気後退や不況がけっして起こらないことを意味する。なぜなら生産されたすべての財はそのまま需要されるからである。つまり財は常に財と交換される。この世界において貨幣に与えられた決定的な役割はない。貨幣はヴェールに過ぎず，貨幣はたんに財と財の交換過程における媒

介物として用いられる。この中立的貨幣の公理こそ古典派経済理論のひとつの教義である。ケインズにとって「時空」，つまり「貨幣と生産」はこの理論の塗り替えを狙ったものである。貨幣はこのような過程でケインズ経済学に導入されたが，そのために貨幣の役割は，短期的にも長期的にも中立的ではありえない。次はケインズの展開した貨幣の概念を検討する。

　貨幣とはなんであるか。貨幣の概念を定義することは，今まで多くの研究者が指摘してきたように，悩ましいことである。ポランニーは，貝殻や鋳貨や羽毛や，小麦の計算方法や，銀行券や，その他無数にある相互に代替可能なものは，支払，価値の尺度，富の蓄蔵，交換手段といった使用法のどれかに用いられている限り，我々が貨幣と見なすものであると定義した[20]。この定義は「なんであるか」ではなく，「どんな機能を果たすか」，または「どのように用いられるか」に焦点を合わせる。この研究を通じて，ポランニーの引き出した結論は貨幣の各使用法の起源は異なり，それぞれ独立した社会的意味をもつということであった。一方，ポスト・ケインジアンは，貨幣の使用法ではなく，貨幣がいかにして資本主義経済に入り込むかに焦点を合わせる。

　ケインズをはじめとしたポスト・ケインジアンは，経済を貨幣部門と実物部門とに2分することを否定するために，貨幣の創造が資本主義経済の本質的諸特性，すなわち私的所有，市場向け生産，資本蓄積などに結びついた，内生的貨幣供給を主張する[21]。ケインズは，『貨幣論』において，「計算貨幣（money of account），すなわちそれによって債務や価格や一般的購買力を表示するものは，貨幣理論の本源的概念である。（中略）貨幣それ自体は，債務契約及び価格契約がその引渡によって履行され，貯蓄された一般的購買力がその形をとって保持されるものであって，その特質はその計算貨幣との関係に由来するものであるが，それは債務と価格とが，まず第1に，計算貨幣によって表示されていなくてはならないからである」[22]と述べ，貨幣は計算貨幣であり，個人が債権者ないし潜在的な債権者になるときに創造されることを明らかにした[23]。

　またミンスキーは，「資本主義経済では，貨幣は資本資産を創造し統制する過程が結びついており，（中略）経済活動や資本ポジションや金融資産を銀行

がファイナンスするにつれて生じてくる債権の一種である」[24]と説明し，貨幣の概念として債権を用いた。さらにこれらの研究を受け継いだレィは，貨幣の概念をより拡張し，「私は，時間を通じて購買力を移転するようなバランスシート項目なら，何でも貨幣として含めたい」，(中略)「要約すると，貨幣とは一つのバランスシートを構成する項目，ないし一個の計算単位であり，支出フローをファイナンスするものである。貨幣は人が将来から現在へと購買力を移転するにつれて創造される」[25]と述べる。このようにレィは，貨幣をひとつの記帳項目として捉え，それが如何にして内生的に創造されるか，また資本主義の不安定性にどのように関わっているかを分析した。

このような貨幣概念を持って，ポスト・ケインジアンは理論の再構成に努めている[26]。我々は，なぜ為替レートは変動するか，なぜ貨幣価値が変化するのかという疑問を解くために，貨幣は決して中立的ではなく資本主義運動におけるより根本的役割を演じるとしたケインズの思想を受け入れる。

## 4 ケインズにおける2つの貨幣
### ——貨幣需要と流動性選好

デヴィッドソンをはじめとした多くのポスト・ケインジアンは，ケインズの思想をより正確に受け継ぎ，ケインズの展開した理論が歪曲されることのないよう，精力的に研究活動を行っている。しかしポスト・ケインジアンの間で必ずしも理論的合意がなされているわけではない。ケインズ経済学をめぐるこうした議論の多くは，理論体系の最も核心的なキーワード，つまり貨幣，流動性，流動性プレミアム（流動性打歩），持ち越し費用，貨幣需要，流動性選好などに関わるものである。

ケインズが「計算貨幣」という概念を取り入れたのは『貨幣論』を著したときであるが，その後の『一般理論』においては「流動性」に関わる諸概念が導入された。ケインズ経済学の中心をなす理論として早くから内生的貨幣供給論を展開したムーアは，中央銀行の決定する利子率が水平になるものとして貨幣

供給曲線を認識し，ケインズの採用した流動性選好説は誤りであり，内生的貨幣供給論にとってはひとつの障害となっていると主張した。しかしレィは，ムーアの主張するところとは対照的に流動性選好説は内生的貨幣アプローチの本質であると論じる[27]。すなわちムーアは，『一般理論』における貨幣供給は外生的アプローチを採用しているので，その中心概念である流動性選好説は棄却すべきであるとすることに対して，レィは，むしろ流動性選好説は棄却されるべき概念ではなく，内生的貨幣供給論と整合的な概念として再定立すべきであると反論する[28]。

このような理論論争が行われる以前は，主流派経済学においてもポスト・ケインジアンの研究においても，貨幣と流動性，また貨幣需要と流動性選好は同じ意味として使われていた[29]。その代表的な例がマクロ経済学のテキストにおいて標準化されている IS-LM モデルである。レィはこれらの概念について次のように述べている。「流動性は貨幣の諸特性のひとつであり，代替的な貨幣諸形態に体化された流動性の額はさまざまに変化する。流動性選好とはより高い流動性をもった資産への選好である。それはある流動資産を流動性のより低い別の資産に交換してもらうために要求されるプレミアムでもって測ることができる。流動性選好の高まりはこのプレミアムの上昇を意味する」[30]，「貨幣需要と貨幣供給が増加するのは，欲求された支出が増加する場合である。流動性選好の上昇が意味するのは支出欲求の下落，貨幣需要及び貨幣供給の下落，または少なくてもその成長率の低下と相関しやすい」[31]。それでレィは，流動性とは貨幣のうちひとつの種類であり，流動性選好の高まりは貨幣の諸機能のうちのひとつ，つまり退蔵性向の高まりを意味すると結論付けた。

したがって流動性選好の高まりは，債務返済などによってバランスシートが縮小（貨幣需要の低下）されるか，バランスシートの項目の中でより非流動的資産からより流動的資産に入れ替えるかを意味すると，レィは論じた[32]。レィの行ったこうした区別の第1の狙いは，利子率の主な決定因が流動性選好であり，貨幣需要は内生的供給によるフロー概念であるとし，『貨幣論』と『一般理論』の世界が整合的であることを理論的に裏付けることであった。我々

| 第2章 | 2つの貨幣

は、レイの導いた結論に賛同するが、ひとつ疑問として残るのは流動性選好の概念をめぐる問題である。結論を先取りすると、経済界には初めから貨幣需要と流動性選好という2つの貨幣が存在すると考える[33]。それから流動性選好という概念は必ずしも流動性度合いを意味するものではないことも強調しておきたい。以下では、原典に依拠しながら、ケインズの用いた貨幣について議論を深める。

ケインズが、『一般理論』において、貨幣論を本格的に展開するのは、「利子と貨幣の基本的性質」と題した第17章である。この章においてケインズが最初に導入した概念は自己利子率である。ケインズは、まず「あらゆる耐久財について、それ自身によって測られた利子率―小麦利子率、銅利子率、住宅利子率、あるいは鉄鋼プラント利子率のようなものさえ―が存在するのである」[34]と述べ、それぞれ異なる自己利子率が存在することを説明したのち、「全体を支配する役割を演じるのはさまざまな自己利子率（中略）の中で最大のものであるし（中略）、また貨幣利子率が、しばしば最大のものになるいくつかの理由があるからである」[35]と説明し、自己利子率の中で貨幣利子率が最大になると分析した。そしてなぜ貨幣利子率が最大のものになるかを説明するために導入したのが流動性プレミアムの概念である。

まずケインズの言葉を引用する。「ある期間資産を保有することから期待される全収穫は、その収益からその持越費用を差し引き、それにその流動性打歩を加えたもの、すなわち $q-c+l$ に等しくなる。いいかえれば、$q-c+l$ は任意の商品の自己利子率であり、$q$、$c$ 及び $l$ それ自身を標準として測られたものである」[36]。つまり貨幣利子率は、他の商品に比べて、$c$ が無視できるほど小さく、$l$ は大きいために、最大になるのである[37]。

貨幣利子率の場合、$c$ が小さくて $l$ が大きい理由は、3つの性質があるからである。「第1の性質は、（中略）ゼロあるいはともかくきわめて小さい生産の弾力性をもっているという事実である」[38]。つまり貨幣とは容易に生産することができないという性質である。「貨幣の第2の相違点は、代替の弾力性がゼロであるか、あるいはほぼゼロに等しいということである」[39]。つまり貨幣の

交換価値が高くなっても他の何らかのものがそれに代わって用いられることは少ない。第3に，貨幣量が著しく増加したとしても利子率はそれと同じように低下しない性質を持つ。このような3つの貨幣の基本的な性質によって貨幣の流動性プレミアム $l$ が最大になる。「すなわち，「流動性打歩」と「持越費用」とはともに程度の問題であること，そして「貨幣」の特質は後者に比して高い前者をもっている点に存在するにすぎないことがそれである」[40]。

ところで流動性プレミアムはどのようにして測られるのか。このことについて，ケインズは次のように説明している。「明らかに，「流動性」の絶対的な基準というものはなく，ただ流動性の程度があるだけである。これは，異なった形態の富を保有することの相対的な魅力を推定するに当たって，使用による収益と持越費用のほかに，考慮されなければならない異なった程度の打歩のことである。なにが，「流動性」に寄与するかについての観念はある程度漠然としたものであって，時に応じて変化し，社会の慣行と制度によって異なっている。(中略)歴史的環境においては，土地の所有者は富の所有者の中では高い流動性打歩によって特徴づけられたことであろう」[41]。ケインズは，『一般理論』第17章において，流動性プレミアムというのは流動性の度合いを意味するものではないことをこのように明らかにしている。ケインズ経済学に関する多くの研究において，流動性という概念は流動性の度合いをあらわす意味で用いられているが，これは誤った解釈であろう。ケインズの指摘のように，土地がより高い流動性プレミアムを有する場合もある。つまり流動性プレミアムとは複数の富の中で，相対的魅力を測る選択の基準である。

次に流動性選好の概念である。流動性選好の定義が行われているところは『一般理論』の第13章「利子論の一般理論」である。ケインズは，「個人の流動性選好とは，彼が異なった状況において貨幣の形態で保持しようと浴する彼の資産量——貨幣あるいは賃金単位によって測られた——を示す表によって与えられる」[42]と説明している。ここでポイントとなるのは「貨幣の形態」という言葉であろう。この言葉も多くの場合，流動性の度合いとして解釈されるが，先に触れたように，流動性プレミアムの場合と同じく，流動性の度合いを前提す

る言葉ではない。同じく第13章において,「保蔵（hoarding）の概念は流動性選好の概念に対する第一次近似とみなしてよい。もちろん,「保蔵」の代わりに「保蔵性向（propensity to hoard）という言葉を使うなら,それは実質的に同じものになろう」[43]という意味を与え,「貨幣の形態で保持しようと浴すること」と「保蔵性向」という概念が同じであることを明確にした。保蔵という行為は,現在の支出または消費を,富の安全性（減価防止及び価値増殖）のために,控えることである。また先に議論したように,富の安全性の基準となるのが流動性プレミアムである。流動性選好というのは両資産間の選択の理論,つまり欲求を最大化するための性向をあらわす。

　ケインズ貨幣論の諸概念を借用して,ここから我々は2つの貨幣を定式化する。ドルと円という2つの貨幣を仮定したときに,それぞれの自己利子率は異なる。それを決定するバロメーターは流動性プレミアムである。また土地と円という資産を仮定した時もそれぞれの流動性プレミアムは異なる。韓国のウォンと日本の円を仮定した場合もそれぞれの流動性プレミアムは異なり,それによって資産選択の流動性選好が決定される。

　2つの貨幣は史実からも確認される。「エシュヌンナ法典では,収穫労働者の望ましい一日当たり賃金を,穀物と銀（一二セ＝約0.5グラム）の両方で表している。これらのテキストではまた,穀物は食料品の価値を表すのに使われているが,銀は金属から油,土地から羊毛まで,より幅の広い物品を表すのに使われている」[44]。このような貨幣の使い分けはハンムラビ法典でも同じである[45]。貨幣は誕生したときから流動性プレミアムの異なる複数のものが存在していた。

## 5｜貨幣のヒエラルキー

　ここでは流動性プレミアムや流動性選好の概念に基づき,途上国の貨幣が絶えず切り下げられるメカニズムの解明を試みるが,通貨間の異なる価値を説明するものとして貨幣のヒエラルキーという視点を取り上げる。

貨幣価値の変化に関連して貨幣のヒエラルキー論を展開したのは，周辺部経済主義論を論じたサミール・アミン，人類文化学研究のポランニー，通貨地理学というアプローチを行ったベンジャミン・コーヘンらであるが[46]，それぞれの研究においてヒエラルキーの捉え方はやや異なる[47]。これらの先行研究の成果を取り入れつつ，貨幣のヒエラルキーと流動性プレミアムの概念をつなぎ合せ，新たな仮説を模索したい。

　貨幣領土主義，つまり1国家1通貨という法的装置は長い歴史からみると，比較的に最近の現象である。政治的領土を超えて使われた通貨は歴史上数多く存在する[48]。例えば，紀元前5世紀からローマ時代に至るまで広い地域で使われていたアテネのドラクマ，4世紀頃のコンスタンチヌス1世の時に発行され11世紀中頃まで国内のみならず国外にまで通用していたソリドゥス，1252年にフィレンツェで発行されてから1世紀にわたり国際通貨の地位を維持していたフロンリン金貨，16世紀から19世紀までヨーロッパ及びラテンアメリカにおいて安定した価値を保ちながら用いられたメキシコのペソ銀貨などはその代表的な例である。さらに1751年にオーストラリアの政府法貨として発行されたマリア・テレジア銀貨は時間的には20世紀前半まで空間的には西アジア及びアフリカまでその流通が広がっていた。さらにマリア・テレジア銀貨の鋳造はオーストラリアのウィーンではなく，ローマ，ロンドン，パリ，ブリュッセル，ボンベイでも行われた[49]。つまり貨幣流通史から確認できる史実は，複数の通貨が競争しながら，空間に制限されることなく流通され，消滅していく過程であった[50]。

　しかし近代国家の出現と共に貨幣主権という思想は一般的なものとして受け入れられた。貨幣主権論の中には，国家としての政治的象徴性，貨幣鋳造利益，マクロ経済政策の自立性が強調される。このような議論が行われている半面，通貨混乱にさらされている南米の一部地域では，自国通貨の代わりにアメリカドルの流通を進めるダラーライゼーションを検討したことがあり，すでにヨーロッパにおいてはユーロを発足させ新たな国際通貨を導入している。ベンジャミン・コーヘンはこの現象について通貨代替（currency substitution）とい

う概念をもって説明する。つまり通貨代替というのはある通貨が他の地域で発行され流通している貨幣に取って代わることであるが，現在多くの発展途上国においてドルによる通貨代替が確認できる[51]。

またコーヘンは，非対称的通貨代替が発生する主な動機としてはインフレーションに注目する。「高いインフレーションは，国内的に通貨の購買力を減少させ，対外取引においても為替レートの切り下げにつながる。したがって国内居住者は価値貯蔵手段—貯蓄のインフレーション・ヘッジ手段—としてより安全な外国通貨を選好する」[52]。このようにコーヘンは，途上国のインフレーションによって先進国の通貨が選好されると分析した。しかしコーヘンの分析したようにインフレーションを主な動機とした場合は，そのインフレーションはどのようにして発生するか，国内的要因なのか国際的要因なのか，といった分析が必要になる[53]。この疑問に関連してサミール・アミンの研究は注目に値する。

サミール・アミンは，中心＝周辺経済関係論の研究において[54]，特に周辺部の通貨システムとして外国為替本位制の問題点を追及する。イギリスのカレンシー・ボード，アメリカドルが法貨であったキューバ，フランス領植民地の通貨制度，エジプトの通貨制度などの分析を通じて，外国為替本位制は，貨幣手段の輸入を支払うことになるので，通貨の安定のためには周辺国の経常収支黒字が必要であること，さらに中心＝周辺といった通貨関係によって支配的な通貨の価値変動を自動的に周辺国経済に伝達すると主張した[55]。

まず外国為替本位制において，アミンの分析した価値変動の伝達によると，戦前フランスと海外フラン圏諸国における諸物価の動きが平行的な変化を示しており，また1914年から1939年のあいだ，イギリスとエジプト・インドの価格変動も非常に平行的な状況を見せている[56]。続いて管理通貨制度下における伝達については次のように説明する。「外国為替によって正貨準備される管理通貨のばあいは，（中略）外国為替全体の価値が減少しているばあい，現地通貨の正貨準備はより少ない価値となり，現地通貨は大部分が大衆の信頼によってその価値を保持しているため，現地通貨自体がまもなくその当初の価値を

失う」[57]。この過程において価値変動の基準は通貨の将来価値である。つまり現地通貨に対する将来価値の期待値が，支配国の通貨価値の下落より，さらに低くなるため，現地通貨の切り下げ幅が大きくなる[58]。

より具体的な例を取り上げよう。「(キューバにおいて) 通貨が本質的に流通手段である所では，ペソは流通する，すなわち，通貨の価値の貯蔵・価値手段としての利用が広まっている所では，ドルが支配しているという考えをたくみに定式化する。平行な2つの流通の存在は，2つの通貨間の内部交換の変化を決定する。ペソがあるときにわずかのプレミアムを享受したことがあったが，それはペソの将来価値がドルの将来価値よりも大きくなるにちがいないとみなされたからではなく，副次的で実務的な理由，つまり補助貨幣とドルの少額紙幣の欠如とによるものであった」[59]。

つまり2つの通貨が流通するときに，一般の取引では現地通貨が使われ，価値の貯蔵手段としては支配的通貨，つまり将来価値の高い通貨が用いられることである。戦後韓国経済の経験からしても，これからの経済発展が期待されている現代のベトナムの状況を見ても，こうしたアミンの分析は全く正しい。ところで貨幣の将来価値の決定因はどのようなものであろうか。これに関連してアミンは具体的な分析を行っていない。インフレーションの周辺部への伝達過程をその説明のひとつとして取り上げることはできるが，アミンが強調したのは周辺部インフレーションが宗主国のそれと平行的であったことであり，周辺部においてのインフレーションがより危機的であったことではない。

ポランニーは，貨幣の諸機能，つまり支払，価値尺度，富の蓄積，交換がそれぞれ別々の制度的起源や独自の社会的目的をもち，またそれによって生まれた貨幣は別々の領域においてそれぞれの機能を果たしていたことを明らかにした。例えばバビロニアにおいても貨幣は普通に見られたが，それぞれ特定の目的のための貨幣であった。つまり穀物は賃金，租税などの支払いに用いられ，銀それ自体は大麦などの穀物，羊毛などの価値尺度として使用されていた。貨幣のヒエラルキーはこの過程で生まれたのである。ポランニーの紹介する研究によれば，通貨として使われていた各種の代替物がそのランクに応じて用いら

|第2章| 2つの貨幣

れていたことを伝える。例えば食糧と手工芸品のランクが最下級で，家畜はその上で，妻として所有されるべき女性が最上級となる。このようなランクの下では，財は同じランクの財と交換される取引が一般的であるが，場合によっては上級のランクの財と交換される取引もあったという。この取引の場合は身分を高める役割を果たす[60]。

　このような取引では，ケインズの概念を借りると，流動性プレミアムの高い貨幣が選好されたことになる。ポランニーの研究を再び引用する。「細い銅線は貧者の貨幣だった。薪や普通のモロコシがそれと交換された。太い銅線では何でも買えた。馬も奴隷も黄金も，名声を支える高級流通財は実際なんでも購入できたのである。(中略) 17世紀のインドでは，ダイヤモンドは金とだけ交換され，銀では駄目であった。(中略) メソポタミアで行われた寺院による金融がある。貧農には大麦で，自由市民には銀で貸付けが行われた。(中略) 銀で支払われると約20パーセント，大麦だと33.33パーセントがそれぞれの利子率だった。この経済上の謎に対する答えは，おそらく債務者に身分差があること，銀は大麦では買えないことのなかにある」[61]。

　この史実は貨幣交換の非対称性が存在したことを裏付ける。つまり貨幣Aから貨幣Bへの交換は自由であるが，貨幣Bから貨幣Aへの交換が自由ではない時，当然ながらそれぞれの交換比率は異なる。このことはそれぞれの自己利子率が異なることを意味し，それだけ異なる流動性プレミアムをもつ。貨幣のヒエラルキーとはこの構造を指すものとしても理解できる。

## 6│結　び

　今まで本論の議論を通じて，我々は，貨幣は決して中立的ではないこと，流動性プレミアムとは相対的魅力を測る選択の基準であること，流動性選好の概念は欲求を最大化するための理論であることを明らかにした。それから貨幣はそれぞれの目的を持って生まれ，それぞれの機能を果たしていたことも確認できた。

我々が貨幣を議論するとき，多くの場合，暗黙裡にひとつの貨幣を前提とし，そのひとつの貨幣が複数の機能を果たすと考える。貨幣研究の多くの混乱はこの仮定に起因するように思われる。金融システムが高度に発達した現代においても貨幣は複数である。日常生活に係る取引を除けば，我々は欲求を最大にするために異なる貨幣のあいだで常に選択に迫れる。つまり我々は「2つの貨幣」をもってアプローチしなければならない。

　ここでひとつの結論が導かれる。開発途上国の貨幣価値が絶えず減価するのはその通貨が相対的に低い流動性プレミアムを有するからである。言い換えると，開発途上国の通貨が流動性選好の対象にはなりえないからである。貨幣のヒエラルキーという視点を取り入れると，上位に位置する貨幣は当然ながら高い流動性選好をもつ。この構造をもって貨幣の非対称性問題は説明できる。同じく為替投機の問題も貨幣Aから貨幣Bへの交換の自由度に関わる。

注
1）韓国ウォンの対ドルレートは，2008年5月頃まで1ドル当たり1000ウォン程度で変動していたが，同年9月のリーマン・ブラザーズ破綻後は下落し続け，11月には1ドル=1500ウォンを突破した。2009年5月は1300ウォン台で変動している。
2）今回の経済危機でIMFから支援が承認された国は次の通りである。ウクライナ，ハンガリー，アイスランド，パキスタン，ラトビア，ベラルーシ，セルビア，エルサルバドル，アルメニア，モンゴル，コスタリカ，メキシコ，グアテマラ，ルーマニア，ポーランド，コロンビア。このうち，ルーマニアとハンガリー，ラトビアは欧州連合（EU）加盟国である（各報道による）。
3）その結果，新興国は銀行関連資金フローが縮小し，株と為替市場は先行き不透明感が高まり，資金をより安全な傘の下で移動させたいという欲求のあらわれでもあった（IMF, pp. 2-3）。
4）これはそれぞれKrugman, P. R.とObstfeld, M.によってモデル化された理論である。詳しい内容については，Obstfeld（1995）を参照されたい。
5）為替投機攻撃を経験した地域においても経常収支赤字と財政赤字というファンダメンタルズ悪化は一般的現象ではない。例えば1997年の韓国もファンダメンタルズの悪化は見られなかった。
6）例えば韓国の場合，1961年2月1ドル=100ウォン，1964年に225ウォン，1965年に270ウォン，1970年315ウォン，その後400ウォン台，1990年頃に600ウォン台，といった形でウォン安が進行してきた。また1997年10月に韓国の対ドル為替レートは1ドル=900ウォン前後であったが，同年11月に1000ウォンを突破し，98年1月には1500ウォ

ンまでウォン安が進んだ。その後，900 ウォン台まで取り戻した。
7) Keynes, 1971, 訳 p. 151。
8) 同上，pp. 152-156。
9) 同上，p. 157。
10) 金融不安定仮説の基本命題は次の2つである。第1に，資本主義経済は，持続的な，安定価格・安全雇用均衡をもたらすことができない。第2に，深刻な景気循環は，資本主義にとって本質的な金融属性のために生じる。この命題は，外部的ショックがなければ安定的であると主張する新古典派経済学と基本的に異なる（Minsky, pp. 212-3）。
11) 同上，p. 50。
12) 同上, p. 267。
13) 同上, p. 256。
14) ポランニーの研究によれば，人間は，書くことを発明したり数学的記号を用いることを学んだりするまえに，複雑な数量的諸問題を単純な手作業で処理できるような手段を考案したという。つまり無文字社会において貨幣が交換機能を果たすことはなかった（Polanyi, 訳 p. 192）。
15) Polanyi, 訳 p. 198。
16) 経済学と物理学の関わり方について詳しい分析を行っているのは，Hsieh Ching-Yao and Meng-Hua Ye の研究があげられる。ニュートンに関しては第1章を，アインシュタインとの関わりについては第4章を参照されたい。
17) ニュートン物理学は，時間というのは時計及び観察者の位置とは無関係で絶対的なものであるとしたが，アインシュタインは光速という新たな普遍的定数の導入によってニュートンの考え方を覆した。つまり多くの実験では時計や観察者の位置によって結果が異なることを証明した。飛行機上で原子時計を用いて行われた実験では，気圧が薄くなるにつれて時間が早く進んでいることが証明されたのもそのひとつである。またアインシュタインは，空間と時間そして運動はそれぞれ独立しているものではなく，お互いに影響し合っており，空っぽの空間よりは質量の大きい物体の方で時間の進みがより遅いことを明らかにした。さらにアインシュタインは，ユークリッド的概念を捨て，時空は曲がっているとする非ユークリッド的概念を導入した（Galbraith and Darity 訳 pp. 11-15）。
18) Keynes, 1973, 訳 p. 17。
19) セイの法則とは，ジャン・バティスト・セイが「生産物は常に生産物と交換される」と主張したことを，1808 年にジェームズ・ミルが「供給はそれ自らの需要を生み出す」と言いかえたことに由来するという（Davidson, 訳 pp. 17-19）。
20) Polanyi, 訳 pp. 194-196。
21) Wray, 1990, p. 2.
22) Keynes, 1971, 訳 p. 3。
23) 計算貨幣と貨幣の違いについて，ケインズは，「貨幣と計算貨幣との区別は，計算貨幣は記述あるいは称号であり，貨幣はその記述に照応するものであるといえば，恐らく明らかにしうるであろう」（Keynes, 1971, 訳 p. 4）と述べ，計算貨幣としての貨幣の役割を説

明する。つまり円と言った時に，昔も今もその記述及び称号（計算貨幣）は同じであるが，円の中身（価値）は変わっている。
24) Minsky，訳 p. 278。
25) Wray, 1990, p. 1.
26) 例えば，伯井（1996）は，レィの貨幣概念を取り入れ，資本主義経済は内生的に貨幣を創造するにもかかわらず，その管理ができないところに注目し，政府の役割を強調する。レィの研究内容に関する詳しい議論はこの研究を参照されたい。
27) Wray, 1990, preface, p. 14.
28) このようなレィの研究は研究者から多くの関心を集めた。「内生的貨幣アプローチ（フロー）と流動性選好アプローチ（ストック）とを結合した代替アプローチ」，「レィはポスト・ケインジアンの方法論，貨幣及びマクロ経済学を単一の著作に統合した最初の貨幣理論家の一人」などといった称賛をあびた（伯井，p. 11）。レィの以上のような主張は，『一般理論』出版後に，『一般理論』の内容を補うために発表されたケインズの研究，例えば (1937) "The General Theory of Employment", *The Quarterly Journal of Economics*（vol. 51），(1937) "Alternative Theories of the Rate of Interest", *The Economic Journal*（vol. 47），(1938) "Mr. Keynes 'Finance'", *The Economic Journal*（vol. 48），などを根拠としている。
29) 貨幣と流動性がこのように扱われてきたのは，ケインズ解釈をめぐって後学が誤りを犯したという指摘も可能であるが，実は『一般理論』の多くのところで，ケインズ自身が貨幣と流動性という言葉を同意味の概念として用いていることによるところも大きい（張，pp. 57-58）。
30) Wray, 1990, p. 16.
31) Ibid. p. 19.
32) レィの定義する貨幣と流動性は，貨幣≧流動性という関係になる。以前私は，ケインズにとって流動性選好というのは流動性の度合いに関するものではないということを議論した（張，pp. 57-62）。しかしこのときの議論は，完全なものではなく，十分な根拠が示されなかったように思われる。
33) ケインズは利子率決定を説明する過程で流動性選好の概念を導入したが，本稿では貨幣価値の変化を説明するためにこの流動性選好の概念を用いる。
34) Keynes, 1973，訳 p. 221。
35) 同上，pp. 221-222。
36) 同上，p. 222。
37) ケインズはゲゼルのいわゆるスタンプ貨幣についてその思想は高く評価しながらも流動性プレミアム問題により，そのような貨幣が出現しても他のものにとって代われると分析した。「貨幣の重要性は他のいかなる財貨よりもより大きな流動性打歩をもつことから生じる，ということに彼（ゲゼル）は気づかなかった。したがって，もしスタンプ制度によって政府紙幣から流動性打歩が取り去られるとしたら，一連の代用手段—銀行貨幣，要求払い債務，外国貨幣，宝石，貴金属一般など—が相次いでそれにとって代わるであろう」(Keynes, 1973，訳 p. 358）。

38) 同上, p. 228。
39) 同上, p. 229。
40) 同上, p. 229。この引用文のうち,「流動性打歩」という言葉は,原書及び訳書共に「流動性」となっているが,文脈関係上「流動性打歩」という表現が妥当であると思い,流動性の代わりに流動性打歩を用いた。
41) 同上, p. 239。
42) 同上, p. 164。
43) 同上, p. 172。
44) Williams, 訳 p. 21。
45) 田中一郎訳 (1999), 『ハンムラビ「法典」』リトン。ハンムラビ法典で定めている罰金等を見ると,貨幣として大麦・銀などが内容によって別々に使われている。
46) レギュラシオン学派のアグリエッタらも貨幣のヒエラルキーを論じているが,議論の多くはポランニーの研究に依存するものである。
47) ポスト・ケインジアンの中には,貨幣のヒエラルキーの概念を負債ピラミッド (dept pyramid) として捉える場合がある (Bell)。つまり貨幣の概念をバランスシートの各項目とし,その項目を構成する内容をヒエラルキーとして把握する。
48) 貨幣主権という考え方は比較的に最近生まれたものである。ヨーロッパにおいて19世紀までに完全な形で貨幣主権を維持した国はない。その前の時代においては外国貨幣も国内貨幣と同じ権利をもっていた (Cohen, p. 28)。
49) Cohen, pp. 29-32.
50) 中世日本においても,マリア・テレジア銀貨と同じく,中国王朝の発行した銭が多く流通していた。詳しい流通形態及び流通の背景をめぐる論点等については,鈴木 (2001) を参照されたい。またその他の国際通貨として元が発行した交鈔が東南アジアやペルシアにも流通していたことはよく知られている。
51) Cohen, p. 94.
52) Ibid., p. 96.
53) ベンジャミン・コーヘンは,現代通貨のヒエラルキーとして7つの段階を示す (Cohen, pp. 116-117)。ピラミッドの最上層部としてトップ・カレンシー:20世紀前半のポンドと現在のドル, (2) 貴族カレンシー:フランス・フラン, (3) エリート・カレンシー:ポンド,イタリアのリラ,カナダドル, (4) 平民カレンシー:台湾ドル, 韓国ウォン, (5) 浸透されたカレンシー (permeated currency):多くの開発途上国通貨, (6) 類似カレンシー (quasi currency):南米, 旧ソ連ブロック, (7) ニセカレンシー (pseudo currency):リベリアドル。このように彼は7つの階層で現代貨幣のヒエラルキーを示したが,各層の継ぎ目は示されてない。
54) アミンの研究は日本語訳も多く出版されたが,特に『世界的規模における資本蓄積 (1) 世界資本蓄積論』(拓殖書房, 1979年),『世界の規模における資本蓄積 (2) 周辺資本主義構成対論』(拓殖書房, 1979年),『世界的規模における資本蓄積 (3) 中心=周辺部経済関係論』(拓殖書房, 1981年) は代表的である。

55) Amin, 訳 p. 46。
56) 同上, p. 71。
57) 同上, p. 72。
58) このことについてアミンは次のように述べている。「支配通貨の切り下げ—これでもって現地の支配階級は欲する生産物を入手するであろう—は,現地通貨の平価切下げを余儀なくする」(同上, p. 76)。
59) 同上, p. 74。
60) Polanyi, 訳 p. 220-221。
61) 同上, pp. 221-222。

**参考文献**

Amin, Samir (1970), *L'accumulation a L'echelle Mondiale*. 原田金一郎訳 (1981),『世界的規模における資本蓄積 (3) 中心＝周辺経済関係論』柘植書房。
Bell, S. (1998), "The Hierarchy of Money", *Working Paper*, No. 231, The Jerome Levy Economics Institute of Bard College.
Cohen, Benjamin J. (1998), *The Geography of Money*, Cornell University Press.
Davidson, Paul (1994), *Post Keynesian Macroeconomic Theory*, Edward Elgar. 渡辺良夫・小山庄三訳 (1997),『ポスト・ケインズ派のマクロ経済学』多賀出版。
Galbraith, James and William Darity Jr. (1994), *Macroeconomics*, Houghton Mifflin Company. 塚原康博他訳 (1998),『現代マクロ経済学』TBSブリタニカ。
Heinsohn & Steiger (1997), "Liquidity Premium", in Glasner, D. (ed.), *Business Cycles and Depressions: and Encyclopedia*, New York.
Hsieh, Ching-Yao and Meng-Hua Ye (1991), *Economics, Philosophy and Physics*, M. E. Sharpe.
IMF (2009), *World Economic Outlook — Crisis and Recovery —*, IMF.
Keynes, J. M. (1971), *A Treatise on Money 1 — The Pure Theory of Money*, CW 5, Macmillan. 小泉明・長澤惟恭訳 (1984),『貨幣論 I』東洋経済新報社。
――― (1973), *The general theory of employment interest and money*, CW7, Macmillan. 塩野谷祐一訳 (1995),『雇用・利子および貨幣の一般理論』東洋経済新報社。
Minsky, H. P. (1986), *Stabilizing an Unstable Economy*, Yale University. 吉野紀・浅野統一郎・内田和男訳 (1989),『金融不安定性の経済学』多賀出版。
Moore, B. J. (1988), *Horizontalists and Verticalists: The Macroeconomics of Credit Money*, Cambridge University Press.
Obstfeld, M. (1995), "Models of Currency Crises with Self-Fulfilling Features", *Working Paper* 5285, NBER.
Palley, Thomas I. (2002), "Endogenous Money: What it is and Why it matters", *Metroeconomics*, 53: 2.
Polanyi, Karl (1977), *The Livelihood of Man*, edited by Harry Peason, Academic Press. 玉野

井芳郎・栗本慎一郎訳（1980），『人間の経済Ⅰ』岩波書店。
Williams, Jonathan (1997), *Money: A History*. 湯浅赳男訳（1998），『お金の歴史全書』東洋書林。
Wray, L. R. (1990), *Money and Credit in Capitalist Economies: The Endogenous Money Approach*, Edward Elger.
────(2007), "Endogenous Money : Structuralist and Horisontalist", *Working Paper*, No. 512, The Levy Economics Institue of Bard College.
黒田明伸（2003），『貨幣システムの世界史』岩波書店。
鈴木敦子（2001），「中世後期の経済発展と中国銭」池享編『銭貨──前近代日本の貨幣と国家』青木書店。
張　韓模（2002），「貨幣需要と流動性選好，そして日本経済」『経営と経済』（長崎大学経済学部）第82巻第1号。
伯井泰彦（1996），「なぜ資本主義は貨幣を管理できないのか── L. Randall. Wray の内生的貨幣供給論をめぐって──」『経営と経済』（長崎大学）第76巻第2号。

# 第 3 章 周辺部通貨システム

## 1 | はじめに

　開発途上国の多くの経済危機は常に為替レートの大幅な切り下げを伴う。アイケングリーンは，21世紀に選択可能な国際通貨制度の選択肢として，欧州のような通貨同盟か完全変動相場制かであると主張した[1]。要するに，これからは為替変動を各国政府が阻止することを目的とした為替協調も，あらゆる形態のアジャスタブル・ペッグ・システムも維持不可能であると分析する。他方，もうひとつの周辺部通貨システムとして，為替レートの変動をなくすとともに，十分な流動性を確保できるとする，いわゆるダラーライゼーションが議論される。

　ダラーライゼーションとは，自国通貨の流通は小額コインに限定し，一般の取引ではドルを流通させることである。このシステムを選択した地域が最優先した政策課題は，言うまでもなく為替安定である。ところで，周辺国の為替安定を目指した制度は，ダラーライゼーション以外にも，歴史的に幾つかのシステムがあった。戦前採用されていた金為替本位制もそのひとつであり，香港とシンガポールで採用しているカレンシー・ボードもそれである。

　戦前多くの植民地諸国に共通した通貨問題は，現代と全く同じく，為替レートの安定と流動性供給であった。自由な資本移動，為替レートの安定，独立した金融政策といった3つの政策目標を同時に達成することはできないとするトリレンマ（trilemma）論によれば，為替レートの変動と流動性供給の問題で苦しむ周辺国の経験は当然かもしれない。ところが，アイケングリーンは19世紀から現代に至るまでの資本移動はU字の形であると分析している[2]。つまり

国際資本移動は，1914年までは活発であったし，戦間期には縮小し，IMF体制下では徐々に回復し，1970年代以降は再び活発であった。この主張は，固定相場制は国際的資金移動を制約し，変動相場制は豊かな流動性を供給できると考える主流派経済学の一般的認識を覆すものである。

金属本位制を経験してから現代に至るまで，周辺部と関わりのあった通貨システムをあげると，金為替本位制，カレンシィ・ボード，ブレトン・ウッズ・システム，そしてその後の変動相場制である。このように繰り返して通貨システムの改革が行われたのは，どのシステムも為替レートの安定と充分な流動性を供給するという本来の目標に失敗したからである。そして今日においても全く同じことが議論されている。

## 2│金為替本位制

ブレトン・ウッズ体制の位置付けをめぐり，以前国際金為替本位制論（international gold exchange standard）とドル本位制論（dollar standard）が激しく対立したことがある。国際金為替本位制論はトリフィンによって，ドル本位制論はキンドルバーガーによって，それぞれ主張された。このシステムが崩壊したのは，言うまでもなくドルの金交換の要求であったが，トリフィンの注目したのはまさにこのこと，つまりドルが金によって保証されていたことである。この点からトリフィンは，IMF体制は国際金為替本位制論であると位置付けた。ところで，後述するように，このシステムはイギリスとインドの間に成立していた金為替本位制と基本的に同じメカニズムであった。要するに，金為替本位制におけるポンドの位置とIMF体制下のドルの位置は同じものであったのである。つまり現在のような為替本位制システムの出発は戦前の金為替本位制からである。

現代の通貨システムの原型が戦前の金為替本位制にあることは，「両大戦間期こそ，地金の呪縛から資本主義が自らを解放して，戦後の為替本位制的グローバリズムを用意する起点であったと言えるのではないだろうか。植民地幣制

# 第3章 周辺部通貨システム

は資本主義の為替本位制への志向性がもっとも典型的に表現された場である」[3] という指摘のように，明らかである。通貨システムの歴史は流動性供給と通貨価値保存の間の掛け合いでもある。金属本位制の下では，この問題はしばしば地金量の制約によって表面化したが，その障壁を取り除こうとしたのが金為替本位制であり，その流れは現在のシステムとして定着している[4]。

金為替本位制の詳しい内容と崩壊過程については，本書の第6章で取り上げるが，ここでは全体の枠組みだけを概観する。金為替本位制は，インドが最初ではなかったが，具体的な形で初めて世の中に現れたのはインドである。その後，アジアのフィリピン，南米のメキシコ及びパナマ等においても，この制度を取り入れた[5]。インドは19世紀前半までは金貨と銀貨が同時に流通する制度であったが，1835年の法律によって銀本位制を採用するようになった。しかし19世紀末になると銀価の下落に伴うルピー為替下落問題に直面することになり，その対策として定着したのが1890年代からの金為替本位制である。

このシステムの主な目的は為替の安定にある。その為替調節役割を担うのがインド省手形と逆インド省手形である[6]。インド省手形はロンドンで発売される為替手形のことであるが，この手形を購入することはインドでルピー銀貨を手に入れることであり，インドにおいて逆インド省手形を購入することはロンドンでポンドを得ることを意味する。つまりルピー為替を一定の幅をもって固定し，その変動幅を超えて為替レートが変動するときには，インド省手形と逆インド省手形の制限のない売り出しを行う。このシステムを一言で要約すると，金はロンドンに保管し，その金にルピー為替を固定する制度である。

当時の金為替本位制についてケインズは，通貨の世界においてこの制度は例外的存在ではなく，通貨発展の主流であると分析した。つまりケインズは，ヨーロッパ諸国の金本位制も実際の金の流通は行われなかったし，金は海外決済のみに使われたので，どこの国においても金は国際通貨であって，国内通貨ではなかったという[7]。それで金本位制が金為替本位制へと変化するのは通貨制度の発展であると理解した。ケインズは，金為替本位制の成立という状態について，「金が国内では感知しうる程度に流通しておらず，国内流通が必ずしも

65

金で償還されるとはかぎらないが，しかし政府または中央銀行が国内通貨で表される固定された最高相場で金の対外送金を行うための協定を結び，これらの送金に備えて必要な金準備がかなりの額まで海外で保有するとき」[8]であると説明する。

つまり地金の限界に流動性供給が制限される必要はなく，金地金は対外債務の支払いに備えて一定比率での海外保管だけあればよい。まさにこの制度は流動性供給を確保し，インド省手形という為替手形メカニズムを通じた通貨価値保全を同時に達成できる仕組みである。このような認識からケインズは，「それは将来の理想的な通貨における本質的要素—国際通貨，すなわち価値の本位と人為的に等価で維持される安価な国内通貨の使用—を含んでいると私は信じている」[9]とまで述べたのである。しかしケインズの主張した「本質的要素」というものは為替投機のまえではあまりにも無力であった。

金為替本位制は為替投機によって崩壊したが，一般的には地金供給の限界から説明する場合が多い。IMF体制が崩壊したことについても全く同じことが言える。ニクソンはドルから金を切り離すことに踏み切り，このことはIMF体制の崩壊を意味したが，これの直接的原因は1960年の金投機と為替投機である。IMF体制に対するトリフィンとキンドルバーガーの見解においても，投機問題は本質的要素ではなかった。

つまりドル信任が低下したのは，アメリカの国際収支赤字による過剰ドルの問題なのか[10]，それとも通貨認識の無知からくる金保有欲の結果なのか[11]の問題である。資本移動を活性化させた当時の投機的ユーロ・ダラー市場を注目する必要がある。よく言われる国際収支不均衡の問題があったとしても，それを加速化したのは，ユーロ・ダラー市場で活躍していた膨大な投機的短期資本である。銀行を通じてある通貨から他の通貨へと姿を乗り換える短期資本の動きこそが為替投機であるが，このような行動は時には信用創造という名目で時には投資という名目で活発化し，結局システムの崩壊を導く。

第3章 周辺部通貨システム

## 3│ カレンシィ・ボードとダラーライゼーション

　世界は，通貨価値を大きく変更することなく，必要に応じて流動性が供給できる通貨システムを目指してきたが，戦前インドの金為替本位制の歴史が示すように，それはまた為替投機によって崩壊の道を辿る。

　多くの開発途上国の通貨システムは為替投機の攻撃によって変更を余儀なくされた。例えば韓国は，1997年の通貨危機を境目に，以前のペッグ・システムから完全変動相場制へと移動した。そして現在は為替レートの乱高下に悩まされる毎日である。このことは，韓国に限らず，経済危機ののちに完全変動相場制に移行した多くの開発途上国に共通するところである。

　韓国と同じく，1997年に通貨危機を経験したインドネシアも変動相場制を採用することになったが，その後，1998年にカレンシィ・ボードという通貨システムの採用が検討されたことがある[12]。さらに，2000年に入り南米のエクアドルは通貨安定を求めてダラーライゼーションを採用すると発表した。

　カレンシィ・ボード・システムというのは基本的に前節で検討した金為替本位制と同じく，中央銀行を持たない点では同一メカニズムである。ところが以下の点においては少々異なる。金為替本位制では国内に金保有はせず外国に保管し，もうひとつ国内通貨価値を銀で裏付けることである。このシステムでの為替レートは金銀比価によって影響される。これに対して，カレンシィ・ボード・システムは外国通貨をもって国内通貨を100％裏付け，その外国通貨との為替を固定することである。つまり外国通貨との100％兌換を保証するので，第3国通貨との為替レートは準備として保管している外貨の為替レートに連動することになる。

　現在このシステムは，香港・シンガポール・ブルネイなど幾つかの地域で採用している[13]。戦前植民地のかなり広い地域においてこのシステムは一般的であったが，しかし1950年代からこれら地域が独立を迎えると同時に，自国の中央銀行を設立し，独自の金融財政政策を展開するようになった。ところが周知のように，高インフレ率と通貨切り下げといった問題と共に，開発途上国

の多くは経済開発に成功することができなかった。このような状況を踏まえて，カレンシィ・ボード・システムは優れたマクロ経済パフォーマンスを提供していると主張する[14]。

このシステムを擁護する議論は主にアルゼンチンと香港を取り上げる。つまり 1980 年代のアルゼンチンは天文学的な物価上昇率を記録するなど厳しい経済状況が続いたが，1991 年に兌換法（Convertibility Law）を制定してこのシステムを採用してからは，平均 4.5％の経済成長率を記録し，1998 年の物価上昇率は 1％を維持するなど，マクロ経済は安定していた[15]。また 1983 年からこの制度を再採用した香港の場合[16]，1997 年にアジア各国の危機が一般化していたときにも香港経済の動揺は比較的にそれほど大きくなかった。

カレンシィ・ボード・システムにおいて貨幣供給は経常収支黒字分に相当するという。その通りであるならば，このシステムのもとでは，為替を安定させることはもちろんのこと，計画に基づいた財政政策を運用することができる。しかし現代資本主義は貿易決済額の何百倍もの資本移動が行われている。国際的事業を展開している銀行による外貨流入は，当然ながら為替レート変動の圧力として作用する。このような環境のもとでは，いくらカレンシィ・ボード・システムであっても，為替レート変動の圧力を逃れることはできない。自国通貨の為替レート下落に耐えることができず，1944 年から採用してきたカレンシィ・ボード・システムを 1984 年に中止したリベリア[17]，さらに戦前のセイロンの経験[18] は，このことを理解するに良い事例である。

このシステムに対する最も一般的な批判はその地域の経済環境に関するものである。農産物を主な輸出品とする周辺部の場合，その価格変動が大きいために，世界経済の景気後退によって商品価格が暴落すると，直ちに経常収支赤字につながる。つまりこの状況は流動性制約を呼び起こす。周辺部にとってこの事態は，貨幣主権を行使できないことによる二重苦なのである[19]。カレンシィ・ボード・システムがうまく機能していると言われる香港やシンガポールがむしろ例外である。というのは，香港政府は以前から豊かな外国金融資産を保有してきたし，さらに国内に本店をもつ国際的業務を展開する金融機関は必要

## 第3章 周辺部通貨システム

に応じて十分な流動性を供給することができる[20]。

　香港とシンガポールの金融システムが比較的に安定しているのは，カレンシィ・ボード・システムを採用しているからではなく，農業国ではないこと，つまり経済状況がそれを可能にしている。香港とシンガポールが国際金融市場における現在の位置を維持し続けることができれば，例えば完全変動相場制へ変更したとしても，マクロ経済パフォーマンスの大きな変化は予測し難い。香港とシンガポールのような条件を整えてない周辺部にとってカレンシィ・ボード・システムは決して安定をもたらす制度とは言えない。

　さらに，このシステムを採用して経済パフォーマンスを安定的に維持することができたとするアルゼンチンも，1998年に南米の通貨に向けられた為替投機を乗り越えることはできなかった[21]。そこで1999年1月に当時アルゼンチンのメネム政権は，為替投機を防ぐためにダラーライゼーションを実施すると発表したのである。それ以来，アメリカ学界を中心としてダラーライゼーションは盛んに議論されるようになり，2000年に入ってからはエクアドルもダラーライゼーションを発表するに至った。

　周辺部におけるドル流通は最近の現象ではない。ドルの流通には2種類がある。ドルの流通に法的地位を与えている地域と非公式的に流通している地域がそれである。独立国で公式にドルの流通する地域（Officially Dollarized Economies）は，1904年からパナマ，1944年からパラオとミクロネシアそしてマーシャル諸島である[22]。これら地域以外に非公式的にドルが流通し，なお97年の通貨危機後にダラーライゼーションが議論されている地域としては，アルゼンチン，ブラジル，エクアドル，エルサルバドル，メキシコ，インドネシア，ロシア，ベネズエラなどである[23]。

　ダラーライゼーションというは国内通貨の代わりに公式にアメリカドルを流通させることである[24]。制度上，完全な形のカレンシィ・ボードと異なるのは，ローカル通貨を流通させないことによるシニョレッジ（seigniorage）を放棄することである。

　ダラーライゼーションを採用する側の費用としては，シニョレッジと国内資

産を兌換するためのドル資産確保の問題がよく言われる。特にシニョレッジ問題は大きな壁とされる[25]。確かに，ダラーライゼーションを採用すると，カレンシィ・ボードのような為替そのものに対する投機はなくなる。また貨幣主権（monetary sovereignty）を放棄したことや景気変動に独自的経済政策を実行することができないことは，カレンシィ・ボード・システム下の問題と同じであり，ダラーライゼーションだけの問題ではない。しかし，アメリカの景気変動をそのまま吸収してしまう危険性は大きい。しかもアメリカへの政治的圧力をかけることができない状況では産業構造の従属性が定着する。ダラーライゼーションを擁護する議論はマンデルの最適通貨論を拒否する[26]。

しかし，産業従属性の弊害だけがダラーライゼーションの問題ではない。そこには高い確率で金融恐慌の危険性が内在している。開発途上国でのダラーライゼーションは，まず多量のドル流入，つまりそれが実物資産への投資であれ金融資産への投資であれ，積極的資本流入を誘発する。カネ余り状態が経済界にどのような影響を与えるのかは，1930年代の世界経済の経験，1980年代後半の日本経済，1990年代初めの韓国経済など数え切れないほどの事例がある。公式的な採用ではなかったが，ロシアでのダラーライゼーションの傾向がどのような結果をもたらしたのかは1998年の経験からも明らかである。つまり開発途上国におけるダラーライゼーションは，バブル現象を引き起こし，結局その崩壊による厳しいデフレ危機にさらされる。

貨幣価値を金属にリンクしていた時代では，国外への通貨流出は兌換請求に直結することになり，そのことは通貨切り下げの要因となるために，通貨流出は厳しく制限するのが普通であった。また現代においても周辺部は自国の通貨流出を厳しく制限する。しかし今のドルはむしろその逆である。アメリカの金融自由化政策は世界中でドル預金を可能にしている。つまりこのような預金が増えれば増えるほど，ドルは，アメリカ経済のファンダメンタルズの変化とは関係なく，広く受け入れられる。さらに一般取引の支払いにドルが使われれば使われるほどドルの信認は高くなる。つまりダラーライゼーションとはこのような過程の中に位置づけられる国際通貨政策である。

## 第3章 周辺部通貨システム

## 4│ 結び—通貨システムの諸改革論

　ブレトン・ウッズ体制が崩壊してから，為替レートの安定と流動性供給という2つの目標を中心に，数多く議論が繰り広げられてきた。固定相場制を維持しながら，各国中央銀行の裁量権をほぼ認める形で提案されたのが，ウィリアムソンの目標相場圏設定論（target zone fixed real rate system）である。この案は現在イギリスを含めて幾つかの中央銀行で採用している。つまり各国の中央銀行が為替レートの変動を許す一定の幅を設けて，その範囲を防衛する政策である[27]。この制度のメリットは，為替投機筋に対する中央銀行の明確な意思表明ができ，またこのことにより為替レートを政策のアンカーとして用いる必要がなくなることである。

　ところで，この制度を維持するためには各国中央銀行間の密接な政策協調が行われることを前提とする。しかし今までの経験を見ると，各国の政策目標が異なるとき，その国際協調は期待できない。この種の事例として典型的であったのが，1999年にワシントンで開かれたG7会談である。円高阻止のための協調介入を要求する日本と，さらなる金融緩和を求めるアメリカが対立し，政策協調は失敗に終わった。この後，日本銀行は同じことを何回も経験している。さらに開発途上国の場合，目標を設定することはむしろ為替投機を誘うことである。現在の状況においてこの制度を運用できるのは限られた地域のみである。

　次にトービンによって出されたトービン・タックスである[28]。この制度の発想は為替の乱高下が主に投機的短期資本の移動によってもたらされるということである。変動相場制を維持しながら為替不安定性を防ぐためにはその短期資本の流れを抑制する必要があるが，それを完全に抑えることができないため，税金を課することを通じ，資金の移動速度を調節するという案である。しかし現在の国際金融市場において，それが投機的資金なのかそれとも健全な投資なのかを区別することは至難の業である。現代の複雑な資金流れはこの区別をより難しいものにしている。もうひとつ，この制度も密接な国際協調を前提するものである。カリブ沿岸地域にタックス天国を設けている現実を考える

と，この種の国際協調はより難しいものであろう。ところが，このような問題点があるとはいえ，通貨システムの改革にあたり，投機を阻止するという発想から出発している点は評価すべきところである。

ケインズの立場に，より忠実しているポスト・ケインジアンは戦後ケインズ案として知られるバンコール・プラン（bancor plan）の内容を中心とし，清算システムのルールを提案している。つまりケインズの考えた債権ポジションにある国に調整の負担を負わせる国際決済制度を維持するために，そのルールを具体化した案である[29]。例えば，黒字国に収支調整の主たる責任を自動的に負わせるメカニズムの提供，さらに各国の逃避資金の動きを監視し，また必要に応じてはそれを規制する，といった内容であるが，強力な国際協調を前提としているところは，先に触れた改革案と同じである。昨今の国際政治経済関係において，そのような協調関係を形成することが可能であったならば，今のような困難は発生しない。

通貨システム改革案の殆どは，その内容がそれぞれ全く違うとしても，為替レートの安定を主な目的とすることに変わりはない。問題の真ん中に為替レートの乱高下があると認識した場合，ユーロのような局地的共通通貨圏もひとつの選択肢になりうる。東アジア共同体の議論の中には東アジア共通通貨圏のことも含まれる。しかしその可能性については悲観論が支配的である。アイケングリーンは，その主な理由としてアジア的環境をあげている。つまりアジアは，ヨーロッパに比較すると，あまりにも多様な文化並びに社会システムを有しているため，共通通貨を導入することは難しいと分析する[30]。

多様な文化という面ではアフリカ社会も例外ではない。しかしアフリカの中部と西部においてすでにCFAフランという共通通貨が流通している。東カリフ・ドルもある。むしろ課題となるのは地域内経済格差であろう。

注
1) Eichengreen, 1994, 訳 pp. 4-6。
2) Eichengreen, 1996, 訳 p. 2。
3) 本山美彦, p. 87。

| 第3章 | 周辺部通貨システム

4） 現在の国際通貨システムは，ドル本位制論，ブレトン・ウッズⅡ，ノンシステムなどの名前で呼ばれている。特にドル本位制論は主にドルの媒介機能（vehicle currency）に注目する（詳しくは，片岡尹を参照されたい）。現代システムの原型を金為替本位制から求めた場合，このシステムにおいて，媒介機能を果たしたのはインド省手形であった。ブレトン・ウッズ体制において，媒介機能はドルにとって代わられたが，アンカーの役割はそのまま金であった。ブレトン・ウッズ体制が崩壊してから，アンカーの役割を果たしているのは，第1章で議論したように，G5・G7・G20の通貨である。このような意味において，現代国際通貨システムはG為替本位制と呼ぶに相応しい。
5） Keynes，訳 p. 26。
6） インド省手形と逆インド省手形の詳しい内容については第6章を参照されたい。
7） 同上，p. 22。
8） 同上，p. 23。
9） 同上，p. 27。
10） Triffin，訳 pp. 178-179。
11） Kindleberger，訳 p. 74。
12） インドネシアに対するアルゼンチン・モデルの紹介はCavallo（1998）を参照されたい。
13） Hanke and Schuler, 1998, p. 403.
14） Hanke and Schuler, 1999, pp. 1-2.
15） アルゼンチンが採用しているカレンシィ・ボード・システムについて，中央銀行をそのまま維持しているという意味において，準カレンシィ・ボード・システム（currency board-like system）とする研究もある。詳しいことはHanke and Schuler（1999）を参照されたい。
16） 香港は，1935年に銀本位制からカレンシィ・ボードを採用した以来，1974年までにイギリスのポンドを準備通貨とし，このシステムを維持した。その後，変動相場制を採用したが，1983年にアメリカ・ドルへと準備通貨を換え，このシステムを運用している。
17） Chown, p. 2.
18） 本山美彦，1987，pp. 73-80。
19） Walters, p. 112.
20） Ibid., p. 113.
21） Hanke and Schuler, 1999, p. 1.
22） 独立国以外にアメリカの自治領として公式にドルの流通する地域は，グアム，北マリアナ諸島，プエルトリコ，サモア，ヴァージン諸島USであり，イギリスと関わりのある地域のうち，ピトケルン諸島，タークス・アンド・カイコス諸島，ヴァージン諸島UKなどにおいても公式的にドルが流通している（Hanke and Schuler, 1999, p. 7）。
23） Hanke and Schuler, 1999, pp. 20-21.
24） ドル流通というのは国内通貨を全く流通させないということではなく，小額コインなどの流通はありうる。パナマの場合，一部の支払手段としてバルボア（balboa, 1 balboa = 1 dollar）が使われている。

25) Hanke and Schuler, pp. 27-28.
26) 最適通貨論では,アルゼンチンとアメリカが同じ産業構造ではないために,同一通貨圏を奨励することができない。ところが,南米の場合は民間が自国通貨よりドルを好むために,この理論を適用することは無理であるという議論もある(詳しいことは Frankel and Andrew, 1997)。
27) 固定相場制を維持することを前提としたもうひとつの提案がある(McKinnon, 1988)。主要中央銀行が購買力評価に基づき,概ね維持可能な名目為替相場を公表し,各国がそのレートの維持のために貨幣供給量を調整する案である。このマッキノンの提案は金なき金本位制とも呼ぶ。
28) Buiter Willem H., 2003, pp. 600-601.
29) Davidson, 訳 pp. 320-26。
30) Eichengreen, 1994, 訳 pp. 156-157。

**参考文献**

Buiter, Willem H. (2003), "James Tobin : An appreciation of his contribution to economics", *The Economic Journal*, 113 (November), Royal Economic Society.

Cavallo, Doming F. (1998), "How to Make a Currency Board Work in Indonesia", *Wall Street Journal*, March 6.

Chown, John (1999), "Currency Boards or Dollarization—Solution or Traps", *Briefing Paper*, New Series No.7 (http://www.riia.org/briefingpapers/bp57.html).

Davidson, P. (1994), *Post Keynesian Macroeconomic Theory*, Edward Elgar. 渡辺良夫・小山庄三訳(1997),『ポスト・ケインズ派のマクロ経済学』多賀出版。

Eichengreen, Barry (1994), *International monetary arrangements for the 21st century*, The Brookings Institution. 藤井良広訳(1997),『21世紀の国際通貨制度—二つの選択』岩波書店。

──── (1996), *Globalizing Capital*, Princeton University Press. 高屋定美訳(1999),『グローバル資本と国際通貨システム』ミネルヴァ書房。

Frankel, Jacob A. and Andrew K. Rose (1997), "The Endogeneity of the Optimum Currency Area Criteria", *Economic Journal*, Vol. 108, No. 449.

Hanke, Steve H. and Kurt Schuler (1998), "Currency Boards and Free Banking", in edited by Kevin Dowd & Richard H. Timberlake, Jr., *Money and the Nation State*, Transaction Publishers.

──── (1999), "A Dollarization Blueprint for Argentina", Cato Institute, *Foreign Policy Briefing*, No. 52. http://www.cato.org/pubs/fpbriefs/foreignbriefs.html

Keynes, J. M. (1971), *Indian Currency and Finance*, CW 1, Macmillan. 則武保夫・片山貞雄訳(1977),『インドの通貨と金融』ケインズ全集第1巻,東洋経済新報社。

Kindleberger, C. P. (1981), *International Money—A collection of essays*, George Allen & Unwin. 益戸欽也訳(1983),『インターナショナル・マネー』産業能率大学出版部。

| 第3章 | 周辺部通貨システム

McKinnon, R. I. (1988), "Monetary and Exchange Rate Policies for International Financial Stability: A Proposal", *Journal of Economic Perspectives*, 2.

Triffin, Robert (1960), *Gold and The Dollar Crisis — The Future of Convertibility*, Yale University Press. 村野孝・小島清監訳 (1963), 『金とドルの危機』勁草書房。

Walters, Alan (1990), "Currency Boards", *Money*, edited by John Eatwell, Murray Milgate, Peter Newman, Macmillan.

Williamson, J. and M. H. Miller (1987), *Targets and Indicators*, Institute for International Economics, Washingtion. 天野明広訳 (1988), 『為替レートと国際協調』東洋経済新報社。

片岡　尹 (2006), 「迷走するドル本位制」『経営研究』(大阪市立大学) 第56巻第4号。

本山美彦 (1987), 『国際金融と第3世界』三嶺書房。

────── (2001), 『ドル化』シュプリンガー・フェアラーク東京。

# 第4章 金融自由化論再考

## 1 はじめに

　開発途上国における為替の投機的取引を可能にした背景には金融自由化政策があった。本章においてはこの金融自由化を理論的に検討する。

　80年代に第3世界の累積債務問題が表面化したときに，また91年にフィリピンの利子率が大幅に跳ね上がったときに，さらに92年と94年にメキシコのペソーが大暴落したさいに金融自由化を通じた開発途上国の開発政策は現実的に難しいことが明らかになった。しかし主流派経済学は金融自由化が進んでいないことに対する市場の反発であるという見解を示した。このような学界の論理は97年にアジア危機，98年にロシア危機，99年の南米危機，00年トルコ危機，01年のアルゼンチン危機を経験しながらも依然として多数意見である。

　ところで，このような自由化政策はいつから本格的に展開されたのか。ほとんどの研究者は70年代を注目する。つまり70年代を通じアメリカで一連の金融規制緩和措置が実行されたが，金融自由化の必要性を主張する理論的研究もこの時期を中心に盛んに行われた。50年代及び60年代を通じ開発途上国が採用していた開発政策は主に輸入代替工業化政策であった。この政策の金融的特色は金利及び為替などをコントロールすることであったが，この政策が金融自由化論者によって金融抑圧（financial repression）と呼ばれるものである。

　このように70年代に入り，まず開発途上国の金融抑圧が議論され，その代替理論としてマキノン・ショーモデルが紹介されたが，このモデルがのちに金融自由化論の基礎をなすものとなった。しかし80年代に南米で実施された金融自由化の実験は大きな失敗に終わることになるが，この結果を踏まえて80

年代からテイラー (L. Taylor) を中心とした新構造主義経済学者による金融自由化批判が行われた。彼らが注目したのは開発途上国の民間金融市場 (curb market)[1] である。つまり開発途上国においては公式な金融市場 (formal sector) よりはインフォーマルな市場が発達しているために, 金融規制緩和措置をとると, 資金が公式な金融市場に流れていくことになり, 結局, 貸付資金規模を逆に縮小してしまうという議論である。

一方, 90年代に入りポスト・ケインジアンにより金融自由化に対する反論が展開された。この議論は主にドュット (A. Dutt), ストュダルト (R. Studdart), グラベル (I. Grabel) によって提起されてきた。ポスト・ケインジアンは, マキノン・ショーモデルが貸付資金説に基づいて理論展開を行っていることに対し, ケインズの流動性選好説をもって金融自由化論に対する批判を展開するものである。この金融自由化論争を通じ新古典派とポスト・ケインジアン経済学の理論対立がより鮮明に描かれた形となった。このうち, 特にグラベルはマクロ理論論争に止まらず, ミンスキーの金融不安定性仮説の問題意識を取り入れながら, スティグリッツの信用割当て議論を発展させた投機誘導型開発論 (speculation-led development) を展開し, マキノン・ショーモデルと新構造主義の分析を同時に批判している。

以下本論に入っては金融自由化をめぐる諸理論を再検討し, 最後にこれらの議論とは違った角度で新たに金融自由化の位置付けを行う。

## 2│ 金融自由化理論と現実

1950年代に第3世界の低開発問題を議論し人々の大きな関心を集めた著名な研究者たちに, つまりヌルクセ, プレビッシュ, ルイスといった学者に共通するのは先進国と違った発展モデルを低開発国に要求するものであった。彼らの注目した先進国と違った低開発国の環境というのは, 主に農業生産性の問題, 交易条件, 技術力格差などであるが, 彼らはこの問題意識から第3世界の「貧困の悪循環理論」を引き出し, 結局60年代の南米及びインドにおける輸入

| 第4章 | 金融自由化論再考

代替工業化政策の理論化に大きく貢献したと言える。しかしこのときの輸入代替工業化政策に導かれた第3世界開発政策は期待に反して満足できる成果を収めることができないといったことが60年代末には濃厚となった。

このような現実を踏まえて70年代に入り経済学界の研究の流れには大きく分けて2つの潮流がみられた。ひとつは新古典派の自由化論であり,もうひとつはフランクがリードした従属理論である。この2つの学問的潮流は「低開発国(LDCs)の経済開発」という同じ目標を掲げ,それぞれ既存の理論を否定することから出発した[2]。自由化論の場合は当時各国の経済政策に大きな影響力を行使していった成長理論を否定することから始まる。つまりモノの流れは自由化し,カネの流れは規制するというのが戦後IMFの基本方針であったが,このことが開発途上国において利子率および為替レートに対する政府介入が行われる根拠でもあった。マキノンとショーは偶然にも同じ時期に主にこの政策を否定する議論を展開し,第3世界の開発が失敗しているのは,政府が市場介入を行うためであるという結論を引き出した。この問題を克服するためには金融を自由化する必要があるというこの議論が,のちにマキノン・ショーモデルと呼ばれ,金融自由化の理論的根拠を提供するようになったのである[3]。

マキノンとショーの金融自由化論の出発は低開発国の経済が依然として経済開発に成功してないのはなぜなのかという問題提起からである[4]。つまり高インフレと貿易赤字の累積に特徴付けられる開発途上国の問題はどこにあるのか。彼らによって引き出されたのが金融抑圧の問題であった。例えば,ショーは為替レートと金融価格の歪みにより開発途上国の実質経済成長が著しく妨げられると分析する[5]。それではなぜ金融抑圧は実質経済成長を阻害することになるのか。金融論において,金融の役割のうち,より重要視されるのが資源の効率的配分であるが,これを担っているのが金融機関の金融仲介(financial intermediation)機能である。ところが金融抑圧によって金融機関が円滑にこの機能を遂行することができない[6]。特にマキノンは,開発途上国においては政府による選別的な融資が行われるために,金利が規制され,このために金融市場全体が歪められたと主張する[7]。

マキノンは，実物資産と貨幣は代替的関係（substitution）ではなく，補完的関係（complementarity）であるという仮説から出発する。貨幣需要が大きくなれば実物資産の需要は減少するというのが代替効果である。実物資産と貨幣の補完効果を主張するマキノンの貨幣需要関数における中心概念は実質金利の問題である[8]。開発途上国の場合は所得が低いことから，租税収入が期待できないために，拡大的金融政策を展開してインフレを通じた資源の配分を図る。これが実質預金金利を低く押さえて結局投資に必要な貸付資金供給を縮小させる。ここで彼が説明しているのは開発途上国における不動産投機の問題である。つまり実質預金金利が実物資産の平均利回りより低い場合は不動産に投資することになる。

　経済開発を進めるためにはこの流れを遮断する必要があり，そのためには高金利政策を通じ，人々が銀行に預金するようにしなければならない。ここで金融自由化の必要性が台頭する。つまり預金金利上限を設けたりなどの金融抑圧を行うことによって，預金金利が低く押さえられ，投資に必要な資金が銀行に入ってこないのが開発途上国の実情であると分析する。彼にとって貯蓄率は貨幣保有による実質収益率に依存するために，実物資産の平均利回りより実質金利が高くない限り，貯蓄率は上昇しない。

　またマキノンは60年代の韓国経済を分析し，当時韓国経済は金融抑圧の状態ではあったが，金融機関の金融仲介機能を充実する金融改革を行った結果，預金金利が上昇し，このことが経済成長率の上昇に大きく貢献したと分析する[9]。こうしたマキノンの主張を簡単に要約すると，以下のとおりである。開発途上国の経済成長を加速化するためには貯蓄率の上昇が必要であり，そのためには高い実質預金金利が要求される。しかし金融抑圧によって実質預金金利が低く押さえられているので，金融自由化を実施する必要がある。

　開発途上国における金融自由化の果たす役割についてショーは次のように主張する。金融自由化は民間部門の貯蓄率を高めると共に，貯蓄率の上昇により外国援助及び財政赤字問題そしてインフレなどといった開発途上国一般の問題を緩和することができる。さらに金融自由化は金融市場を拡大・多様化し，よ

| 第4章 | 金融自由化論再考

り完全な形での貯蓄と投資を仲介することができ，また金融自由化はより公正な所得分配を可能にし，安定的経済成長に貢献する[10]。

70年代初めにマキノンとショーによって主張されたこのような金融自由化論は，その後IMFと世界銀行の公的政策となり，現在まで続いている[11]。しかしIMFと世界銀行によって採用された金融自由化政策は70年代と80年代に南米において大きな失敗を記した。

70年代にアルゼンチン，ウルグアイ，チリなどの中南米諸国のマクロ経済は国際収支赤字と高インフレそして高失業率などに特徴付けられていた。こうした問題を解消するために，70年代半ばから金融自由化を柱とする自由化プログラムが実施された[12]。この地域における金融自由化の実験は結果的に貯蓄と投資の著しい減少をもたらすことになった。しかもマキノンとショーが想定した経路，つまり低い実質預金金利が低い貯蓄率を誘導し貸付資金の不足を生み出す経路ではなく，高い実質金利を伴った結果であった[13]。

このときに，チリの場合は，金融自由化によって経済成長は以前より高まり，インフレ率も低くなったが，一方においては高金利と過剰な外国債務に直面した。さらに82年のメキシコ危機を契機に新規資本の流入が難しくなったことが重なり，企業倒産による金融機関の不良債権増加とデフォルト状態を招き，結局経済危機に陥った。そこで政策当局は企業の救済に乗り出すと共に国内金融機関の国有化を余儀なくされたのである[14]。

このような南米の経験は金融自由化政策が目指した2つの政策目標がすべて失敗したことを意味する。金融自由化政策が掲げた目標は，高貯蓄率を誘導し投資を促進すること，もうひとつは金融機関の金融仲介機能を効率化し投資活動の円滑化を図ることである。しかし南米の状況は逆の結果をもたらした。金融自由化によって実質預金金利が上昇したにもかかわらず，この期間の民間貯蓄と投資は実質的に減少した。他方，外国人による預金は大幅に増加したが，この外国資金流入によって一時的な経済成長はもたらされたものの，外国の金利変動による資金の流出入が激しくなった。外国人による預金は，グラベルの言葉を借りると，トロイの木馬となり，ついに対外負債危機を招いた[15]。

さらに金融自由化政策は金融機関による長期設備投資を提供するはずであったが、この時期において南米の金融機関は主に大きなリスクを背負った短期的かつ投機的融資を行った。このことは企業倒産が直ちに信用システムを脅かすこととなり、結局経済危機にさらされたのである[16]。ラテンアメリカのこの現実は金融自由化論の有効性を疑わせるものであった。この事態は金融自由化によって引き起こされたものではないという議論も展開されたが[17]、しかし政策失敗が明らかになった以上、特に金融自由化論の基本モデルを提示したマキノンはモデルを修正せざるを得なかった。

南米における金融自由化の実験結果を踏まえて、マキノンの出した診断は自由化を実施するスピードの問題、そして自由化プログラムとマクロ経済指標との整合性の問題であった。マキノンは、資本市場および為替市場の自由化はその国の初期経済条件に沿った最適的な順番で実施する必要があるとし[18]、成功している事例として中国を取り上げている。中国は非常に緩慢な自由化プログラムを実施しているが、中国の経済状況を勘案すると、漸進的な自由化プログラムが必要であり、これが最適なスピードであると分析する[19]。つまりマキノンにとって、南米の金融自由化が失敗したのは、そのスピードが速すぎたためであり、決して金融自由化そのものではない。

次に、自由化プログラムとインフレ率など他のマクロ経済指標との相互矛盾の問題である。高インフレが進行しているときには金融自由化を実施して実質利子率が高くなっても貯蓄資金が投資資金に転じない、つまり金融機関のモラルハザードになりやすいとマキノンは説明する。このことをうまく克服した例として1950年代の台湾と日本を取り上げ、マクロ経済が不安定なときは適切なコントロールが必要であることを強調する[20]。したがってチリの金融自由化が失敗したのはマクロ経済が不安定なときに当局による適切なコントロールが行われなかったためである[21]。

金融自由化モデルを提供したマキノンの以上のような理論修正は、開発途上国において金融自由化政策が完全に失敗したことを認めたことに等しい。なぜならば彼の言う最適な自由化順序及び適切なコントロールといった診断は急激

な金融自由化を反対してきた人々が使ってきた概念であるからである。

## 3 | ポスト・ケインジアンのアプローチ

マキノン・ショーモデルは70年代後半から新古典派経済学者によってより高度な理論の精密化が行われたが，他方においてこの理論を批判する動きもみられた。80年代の新構造主義論と90年代のポスト・ケインジアンの議論がこれに当たる。両者は金融自由化論を批判している点では一致しているが，理論ベースは全く異なる。まず新構造主義者の議論を簡単に検討する。

新構造主義モデルは主にテイラー（L. Taylor）によって導かれた。彼の議論は次のような仮定から出発する。国内物価は利子率，輸入，労働費用によってその上昇幅が決定される。また開発途上国は常に原材料，資本設備，中間財の輸入を必要とする[22]。このような仮定は，高利子率と為替レートの下落（輸入物価の上昇）が国内インフレ率を上昇させ，結局実質経済成長率が減少することを意味する。

新古典派の自由化モデルは，高い利子率が貯蓄を誘い投資につながるとするが，新構造主義のモデルは，高い利子率が高インフレの要因であると分析する。つまり金融自由化による預金金利の上昇は貸出金利の上昇を伴って現われるが，高い貸出金利は企業の金融費用を高めて新規投資を制約するという。

この経路をより説得的なものにするために取り上げたのが開発途上国の未発達な金融市場である。開発途上国は，先進国とは違って，伝統的かつ前近代的な地下金融市場が発達しており，その市場が国の一部の資金配分機能を担っている。ところが，金融自由化によって実質金利が上昇すると，インフォーマルな金融市場からフォーマルな金融市場へとストックが移動する。このときに，フォーマルな金融市場の場合は，預金準備率の規制があるためにその分だけストックが増え，全体的に貸付資金規模が以前より減少する結果をもたらす[23]。つまり自由化による金利上昇は，インフォーマル金融市場からフォーマル金融市場へのストック移動効果をもたらし，インフォーマル市場の預金額を減少さ

せ，総貸出資金規模は以前より縮小し，結局国内物価を上昇させる。

新構造主義モデルは，新古典派の自由化理論を批判しているものの，貸付資金説から出発する共通点を有する。つまり貯蓄が貸付資金となり，この資金が投資に回るという理論構造である。ポスト・ケインジアンが新構造主義モデルを理論ではなく経験による認識論であると非難するのはこのためである[24]。当然ながら，ポスト・ケインジアンの金融自由化論に対する批判は新古典派理論の柱である貸付資金説に集中している[25]。以下ではストゥダルト（R. Studdart）を中心にポスト・ケインジアンの議論を検討する。

新古典派の想定する資本市場のイメージは完全競争の世界つまりワルラス的世界である。この世界においては貯蓄先行（The prior-saving）を前提とする。つまり貯蓄と投資は資本市場で独立に決定され，このときに実質金利は調節変数となる。したがって，均衡利子率以下での実質金利は投資に必要な資金不足を引き起こし，この問題を解決するためには強制貯蓄を誘導するしかない[26]。貸付資金説から出発するこのような金融自由化論の考え方に対して，ポスト・ケインジアンは次のような4つの点において対立する。

まず，新古典派においては個人貯蓄が投資ファイナンスの主な要素であるが，ポスト・ケインジアンにおいてはファイナンスと貯蓄を区別する。次に，金融自由化論の場合，預金利子率の上昇は貸出利子率に影響を与えず，また貸出利子率の上昇も生産量に影響を与えないと仮定している。しかしポスト・ケインジアンの場合，預金利子率の上昇は貸出利子率の上昇を伴うと把握する。第3に，金融自由化論は利子率上昇と企業の金融費用との関係を否定するが，ポスト・ケインジアンはそうした変化がミンスキーの言う金融不安定性を生み出すと主張する。最後に，金融自由化論は銀行を通じたひとつの投資ファイナンス経路を一般化しているが，ポスト・ケインジアンは開発途上国においてこの経路は機能しないと分析する[27]。これらの論点は，投資ファイナンスの経路，開発途上国金融の特殊性，利子率決定論[28]に関する理論対立でもある。

周知のように，ケインズは資本主義経済において総投資は貯蓄に先立って行われることを明らかにした。ケインズは『一般理論』において，「個人の貯蓄

| 第4章 | 金融自由化論再考

決意は,実際に消費のための特定の先物注文を発するということを意味するものではなく,単に現在の注文の取消しを意味するにすぎない」[29]と述べ,資本主義経済は消費者と貯蓄家ではなく銀行と企業家が有効需要,雇用および産出の決定における基軸的エージェントであると分析した。つまり企業家経済において,個人は所得乗数決定の第二線に置かれるのである。これを受け継いだポスト・ケインジアンも,当然ながら,ファイナンスは貯蓄から独立しており,さらに企業家経済においては,貯蓄がすべての投資をファイナンスするのではなく,ファイナンスが投資に先行すると分析する[30]。貯蓄と投資に関するこのようなポスト・ケインジアンの主張は世界銀行の研究からもみられる。世界銀行は,東アジア経済成長の原因と過程において,東アジアにおいての貯蓄と投資は直接的因果関係を有していないという結論を出した[31]。

　投資から貯蓄を切り離したポスト・ケインジアンは投資ファイナンス―借り換え (funding)―金融市場の関係に注目する。ケインズは,「投資のために利用可能な資金は,(中略) 様々な活動をファイナンスするために銀行システムが創造する資金のごく一部分にすぎない」[32]と述べ,投資資金が銀行の貨幣創造に依存すると分析した。しかし投資が銀行の貨幣創造によって行われるとしても,投資は企業家の意思決定に左右される。企業家の投資決定についてケインズは,「企業家は次のような二つの条件を満足するとき投資を行う。第1に,投資を行う間に十分な短期ファイナンスを獲得できること,第2に,最終的にはこの短期負債を満足できる条件で長期社債発行によって借り換えできることである」[33]と説明している。つまり企業家は,短期債務の長期債務への借り換えの見込みがあるときに投資を決定し,この投資は最初に短期負債を負うことによって実行されるということである。ここには,短期債務の長期債務への借り換えを可能にする金融市場を必要とする。ケインズのこのような理解はデヴィッドソンによって投資ファイナンスと借り換えの循環理論として整理された[34]。

　資本主義経済において,借り換えの行われる金融市場は,経済成長の重要な役割を担う。つまり金融市場が企業と銀行のあいだにおいて資金の循環的メカ

ニズムを提供するのである。しかしこの金融市場はすべての経済において一義的なものではない。ここで開発途上国の特殊な環境を取り入れる必要がある。現実的に開発途上国の銀行システムは，先進国のそれとは大きく違っているために，つまり開発途上国の銀行システムは競争的システムではないために，競争を前提とする自由化論をポスト・ケインジアンは批判するのである[35]。

　ポスト・ケインジアンは現代資本主義経済には2つの金融システムがあると分析する。それは資本市場システム（capital market-based system）と信用システム（credit-based system）である[36]。資本市場システムは証券市場が長期ファンディングを担うシステムであるが，このシステムでは多数の金融機関が競争的に金融サービスを提供しており，価格は需給の相互作用によって決定される。例えばアメリカ経済とイギリス経済はこのシステムに属する。

　他方，資本市場が虚弱な経済においては，企業が社内留保利益を超えてファイナンスするために，主に信用に依存する。これが信用市場システムであるが，日本とドイツそして韓国などがこれに当たる。つまりドイツのユニヴァーサル・バンク，日本長期信用銀行，韓国の開発投資銀行などは戦後経済成長を下支えした原動力であったと把握する[37]。

　以上のようなポスト・ケインジアンの議論は次のように要約される。経済成長には金融の役割が大きい。投資資金は貯蓄から生まれるのではない。つまり貯蓄が先行するのではなくファイナンスが先行する。投資ファイナンスを円滑にするためには短期債務を中長期債務に借り換えできる金融市場が必要である。アメリカとイギリスではこの機能を証券市場が担っているが，その他の諸国では主に信用銀行に依存する。図4-1は，この関係を表わす。

　金融自由化論者は，第3世界が経済成長に成功していないのは金融抑圧のためであるとした。ポスト・ケインジアンは，金融抑圧ではなく，長期信用銀行などの借り換えシステムが存在しないためであると分析した。南米の開発途上国の場合がこれに当たる。ポスト・ケインジアンが想定した日本の長期信用銀行制度や韓国の投資銀行などは，いうまでもなく，政府による市場介入を前提とする。97年の経済危機後，IMF管理下に置かれていた韓国は，政経癒着の

第4章 金融自由化論再考

不正腐敗を生み出した政策金融システムであったと指摘され、金融自由化を柱とした構造改革が行われた。ポスト・ケインジアンの議論を通じて金融自由化論の理論的虚構は明らかになったが、それでも自由化政策の勢いは衰えを見せるどころかますます強化されている。

韓国をはじめとした開発途上国において進められた金融自由化政策は、経済開発を機能的に行う政策ではなく、既存社会システムそのものをひっくり返す政策でもある。その金融自由化政策がアジア各国に与えた影響はまさに不確実性の世界である。金融自由化が実施されてから、為替市場や証券市場を含むすべての金融市場において不安定な毎日である。グラベル（I. Grabel）は、早い時期から金融自由化を投機誘導型開発（speculation-led development）であると

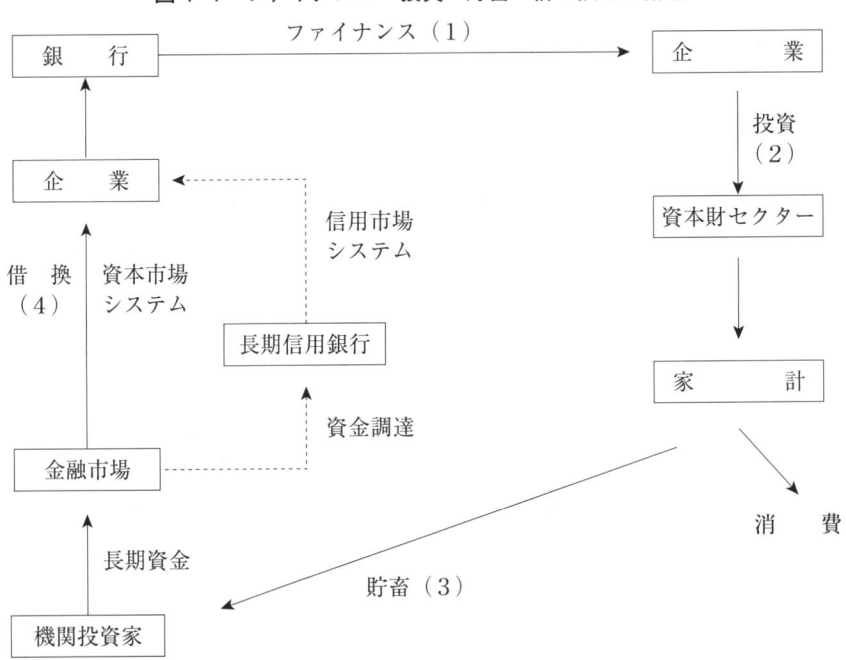

図4-1 ファイナンス—投資—貯蓄—借り換えの循環

出所：Studart, Rogério (1995), *Investment Finance in Economic Development*, Routledge, p. 60. 但し若干修正を加えた。番号は循環の順序である。

分析した。

# 4 | 投機誘導型開発論＝金融自由化論

　金融自由化論者は金利の上昇が投資を活発化させ経済成長を導くと主張したが，金利上昇のマイナス効果を情報の非対称性をもって議論する研究がある。スティグリッツは，貸し手と借り手の間で情報の非対称性が存在するために，貸出金利が上昇するときに信用割当てが生じると論じた。この議論は，借り手はプロジェクトのリスクの大きさをすでに知っているが，貸し手は知らないと仮定する。このとき，貸出金利が上昇すると，リスクの低い借り手は期待利益が低いために借入を止め，リスクの高い借り手は借入を増やす傾向がある。これが逆選択効果（adverse selection effect）と呼ばれるものである。この傾向は全体的にリスクを増大させ結局貸し手の期待利潤を減少させる。これが満たされない需要が存在する状態，価格の調節効果が効かない状態，すなわち信用割当てである[38]。

　以上のように，スティグリッツは金利が上昇することによって貸し手による貸し渋りが発生するメカニズムを分析したが，グラベルの金融自由化＝投機誘導型開発という定義はこれを発展させた議論である。スティグリッツは借り手が貸し手と違ってプロジェクトに対する完全な情報を持っていると仮定した。しかしグラベルはこの仮定を否定する。つまりグラベルはプロジェクトに対する貸し手と借り手のあいだで情報の非対称性は存在しないと仮定する。この仮定により，グラベルは，金利が上昇すると貸し手も借り手もよりリスクの高いプロジェクトを選択すると主張する。つまりハイリターン・ハイリスク現象が現われる。

　まずグラベルは一般的にプロジェクトの3つの形態，つまり低リスク低収益（期待），低リスク高収益，高リスク高収益があるとする[39]。それぞれプロジェクトA，プロジェクトB，プロジェクトCと呼ぼう。この状態で金融自由化を実施して貸出金利があがると，当然ながら，プロジェクトAは金利上昇に

よって採算が取れず，借入を放棄する。そしてプロジェクトBに投資する借り手は，金利が上昇することによりコストが増加するので，より高い収益を求めることになり，プロジェクトCの事業を選択する傾向がある。

他方，借り手のリスク増により債務不履行の状態が予想されるために，貸し手は期待収益をいっそう高める行動に出るとグラベルは議論する[40]。つまり貸し手は借り手のデフォルトによって発生する損失を補うために貸出金利を上昇させることになり，借り手の負担はより重くなり，さらに非生産的かつ投機的投資に走る。グラベルは資本主義経済においてこの過程は内生的に進行すると把握する。バブル期における投機的投資の内生的進行についてはミンスキーによって主張された。第2章でも述べたように，ミンスキーは，資本主義経済は基本的に金融の不安定なシステムであり，金融不安定の根底に投機的金融が存在すると論じた。

金融自由化政策を投機誘導型開発と定義したグラベルの議論はミンスキーの考えから出発するものである。ミンスキーの研究を金融自由化の議論に発展させ，金融自由化を投機誘導型開発と定義したことはグラベルの貢献である。

グラベルの議論は次のように要約される。金融自由化が進むにつれて貸出金利が上昇するが，これは需要と供給の両サイドに影響を及ぼす。まず需要側にはコスト増をもたらし，より期待収益の高いプロジェクトを展開するようになる。このプロジェクトは当然ながら高いリスクを伴う。他方，供給側は需要側のリスク増に対する予備的政策を準備するようになるが，これはさらに金利を高める行動として現われる。この過程が投機的バブル現象であり，結局これは80-90年代の南米の経験からすると急激に崩壊過程を経験する。それでグラベルは金融自由化を投機誘導型開発と名付けた[41]。

## 5 結び
―資金循環の新しいパターンとしての金融自由化

グラベルの議論を97年のアジア危機に照らしてみると，広義の意味では同

意できる。第5章で詳しく取り上げるが，アジア危機というのは金融自由化を後ろ盾にした投機によってもたらしたものである。ところが，グラベルは金利の上昇から投機の局面を引き出す。1985年から進めてきたアジアの金融自由化過程をみると，金利自由化よりは資本移動に関する内容が中心であり，97年に危機を迎えたアジア各国の金利推移をみると，アメリカよりは高い水準ではあるが，15年間大きな変化は見られない[42]。

つまり97年のアジア危機は金利の上昇によってもたらされたものではなく，資本移動，これに刺激された為替投機によってもたらされたのである。したがって狭義の意味において，グラベル議論をアジア危機にそのまま適用することはできない。このことは第3節で検討したストュダルトの議論にも言えることである。ストュダルトの論じた開発途上国における間接金融の必要性に関してはその通りである。彼が成功した事例として取り上げたのは主に韓国であったが，韓国は金融機関の管理失敗によって，これが為替投機をリードする形となった。また彼は金融自由化による金利上昇局面を想定したが，この局面はひとつの経路ではあっても，一般化することはできない。

金融自由化論に対するポスト・ケインジアンの批判は共感できるとしても，さらにポスト・ケインジアンによって新古典派理論の欺瞞性と虚構性は充分告発されたとしても，ひとつ気になることがある。ポスト・ケインジアンは金融自由化に対する純粋なマクロ理論論争を主に展開する。ここには政治という視角が欠如していると言わざるを得ない。そもそも金融自由化政策を開発途上国自らが望んで展開したことは稀である。要するに開発途上国にとって逆らうことのできない外圧が存在することを我々はまず認識する必要があろう。

アメリカ国務省は1996年に世界戦略プラン（Strategic Plan for International Affairs）を具体化したことがある[43]。国務省はアメリカの長期的利益を追求することがこのプランの目的であるとしたのち，このプランが今後外交政策の指針になることを明らかにした。プランは全部7つの項目で構成しているが，第2番目に経済繁栄（Economic Prosperity）という項目を設けている。さらにこの項目には，商品・サービス・資本市場の開放，2000年までに1兆2千億ド

|第4章|金融自由化論再考

ルへと輸出拡大,国際経済の成長増進,開発途上国と旧社会主義国の経済成長推進など4つの細部目標を立てている。特に注目したいのは,商品・サービス・資本市場の開放という目標において,開発途上国と旧社会主義国に対して自由化を進めていくという戦略を明記しているところである。つまり開発途上国と旧社会主義国で進めてきた金融自由化はアメリカの国益と絡んでいた問題なのである。要するにポスト・ケインジアンの議論はこの視点,つまり国際政治という視点を欠いている。

スーザン・ストレンジ(S. Strange)は世界的に進行する金融規制緩和の流れを構造的権力として把握した。ストレンジは,「市場は圧倒的に世界的なものとなっているが,そこでの権力は圧倒的に国家レベルにとどまっている」と述べ[44],世界経済における国民通貨の占める権力を注視する。しかしストレンジは,アメリカ金融業者が他の地域のそれに比べて優位な地位にあることは明らかにしても,どのような経路を通じ,構造的権力を維持することになるのかについては具体的分析を行っていない。構造的権力とは何か。「構造的権力というのは,(中略)あたかも中立的な市場動機で働く経済行為を究極の奥低で律する権力のことであり,明示的には見えないものである。構造的権力は,多くの場合,明確な指示を他の世界に与えるようなことはしないが,他の世界がこの権力の暗黙の意見を無視した行動を取ることは不可能である」という指摘のように[45],全体を律するパワーである。

日本の機関投資家は1985年から明らかに減価するドル資産を買い続けたが,このことが新しい資金循環の始まりである。アメリカはインフレを押さえる一方で金融拡大政策を展開した。一国の閉鎖経済では経済理論的に不可能な政策である。しかしそれを可能にしたのがアメリカの構造的権力である。日本と西ヨーロッパからアメリカへと絶えず資金流入が行われるためには少なくともこの地域よりアメリカの金利が高いことを必要とする。それを可能にしたのが政策協調であるが,この協調介入こそ「政治力学」であり,そこに今日の通貨危機の謎解きの鍵がある[46]

アメリカに入ってきた膨大な資金がすべてアメリカの実物経済に吸収される

ことはバブルの圧力として働く。逆に資金がだぶついた場合は利下げの圧力となる。したがってアメリカにとっては適切な水準で資金の流出入の可能なシステムが要求される。このシステムを構築するために強力に進められてきたのが金融自由化であろう。このシステムはアメリカを中心とし、一方では資金を提供する金利の低い地域と、もう一方ではその資金を受け入れる金利の高い地域を必要とする。アメリカの推進した金融自由化はまさにこのカネ循環の新しいパターンを完成するための究極の政策である。

　アメリカにとってこのシステムのメリットは利ざやを稼ぐことではない。アメリカがドルから金を切り離した裏にはドル価値の下落問題があった。ドル価値の急激な変動問題から自由になった以上、ドルが安くなるか高くなるかはアメリカにとっては意味のないことである。依然として為替変動が問題になるのはむしろ他の世界各国である[47]。アメリカにとってはインフレかデフレかの問題だけが残った。ところがドル価値の下落問題から自由になったアメリカが1980年代に直面したのは膨大な双子の赤字である。この事態は高インフレの十分条件である。資本主義経済において、経常収支の赤字が累積しても、緊縮政策を展開することなく、インフレを押さえる方法があれば最高の政策である。1990年代にアメリカは繁栄の時代を迎えた。この繁栄は国際的資金循環がもたらしたものである。

**注**

1 ）この市場に関する言い方は決まった言葉がなく、英文でも unorganized financial market とも言われる。韓国では私債市場というが、ここではインフォーマルな金融市場と呼ぶ。
2 ）従属理論は資本主義移行論に関するマルクス・レーニンの理論を古典論と呼び、それとは異なる第3世界資本主義移行論を主張する。
3 ）金融の役割を取り入れていない当時の成長理論に対する批判はトービンによって早くから行われた。トービンは古典派の非金融的成長理論を批判したが、彼にとっても実質金利は調節変数であった。この意味ではマキノン・ショーモデルと相通じている。トービンの議論は Tobin（1965）を参照されたい。
4 ）McKinnon, 1973, pp. 1-2.
5 ）Shaw, p. 3.
6 ）金融機関の金融仲介機能を特に強調するのはショーである。ショーの議論において中心概念は金融機関の負債仲介（debt-intermediation）機能の観点であり、また貨幣の中立性

| 第4章 | 金融自由化論再考

も否定する (Shaw, pp. 59-63)。このことはポスト・ケインジアンと同じ理論構造である。一方，ショーは貯蓄が投資に先行するという新古典派の議論も受け入れて金融自由化を主張する。つまりショーの金融自由化論はポスト・ケインジアンと新古典派の両方にまたがっている理論構造となっている。

7 ) McKinnon, 1991, pp. 11-15.
8 ) McKinnon, 1973, pp. 59-61.
9 ) Ibid., pp. 105-111.
10) Shaw, pp. 9-12.
11) このようなマキノン・ショーモデルは，その後，主に Kapur, Fry などの第2世代の研究者によってモデルの精密化が図られてきた (Fry, chapter3)。
12) 自由化実施時期は各国によって少々異なる。アルゼンチン (76-83年)，ウルグアイ (73-83年)，チリ (74-83年) である。また自由化の内容もチリは金融自由化の前に貿易自由化を実施したし，ウルグアイはその逆であった (Grabel, 1998, p. 206)。
13) Grabel, 1998, p. 206.
14) 辻，p. 232。
15) Grabel, 1998, p. 207.
16) Ibid., p. 208.
17) この時期の失敗は，金融自由化によるものではなく，国内外の金利差が大きかったこと，当局がインフレ対策として変則的な為替政策を採ったこと，政府が銀行のモラル・ハザードを放任したこと，などである (辻, pp. 232-233)。
18) McKinnon, 1991, p. 4.
19) Ibid., pp. 219-220.
20) Ibid., pp. 31-37.
21) Ibid., p. 38.
22) 新構造主義モデルはこれ以外にも，①賃金は階級闘争を通じて外部的あるいは制度的に決定する，②インフレ率は資本家と労働者の相対的力関係で決定される，③貯蓄は賃金ではなく利潤から生まれる，等の仮定を設けている (Fry, p110, Arestis and Demetriades, p. 180)。
23) Fry, pp. 110-111.
24) Grabel, 1998, p. 221.
25) ポスト・ケインジアンよる金融自由化論に対する批判の代表的文献は，Dutt (1990-1)，Studart (1993, 1995), Arestis and Demetriades (1995), Gravel (1995, 1998) などがあげられる。
26) Studart, 1995-6, pp. 270-271.
27) Arestis and Demetriades, pp. 176-181, Studart, 1993, pp. 283-284.
28) 利子率決定については，正統派経済学の貸付資金説とケインズの流動性選好論が対立する。ケインズによると，利子率は貸付資金によるものではなく，銀行の信用戦略と富所有者の流動性選好によって総合的に決定される貨幣的現象である。『一般理論』が出版され

93

たのちに，この理論はスラッファとハイエクの批判を受けることになるが，この論争の過程でケインズは貨幣と利子理論の統合を目指して貨幣の基本的性質に基づいた自己利子率論（own rate of interest）を展開する。利子率に関するポスト・ケインジアンの議論については Wray（1992）を参照されたい。
29) Keynes, 1973a, 訳 p. 109。
30) Studart, 1995-96, p. 275.
31) World Bank, 訳 pp. 192-193。
32) Keynes, 1973b, p. 283.
33) Ibid., p. 166.
34) Davidson, pp. 102-106.
35) Arestis and Demetriades, p. 182.
36) この区別は一般的に間接金融と直接金融に相当する区別であるが，ポスト・ケインジアンは単に金融形態としてではなく経済システムとして把握する。
37) Studart, 1995-96, pp. 283-284, 1993, pp. 292-294.
38) Grabel, 1995, p. 133.
39) Ibid., p. 135.
40) Ibid., p. 141.
41) Ibid., pp. 142-143.
42) 例外としてフィリピンの場合は 91 年に 20％以上に上昇した時期があった。アジア各国の自由化内容と金利に関しては，経済企画庁調査局（1998），『アジア経済』大蔵省印刷局，pp. 57-59。
43) 世界戦略プランは，国家安保・経済繁栄・アメリカ市民と周辺安全・法の執行・民主主義・人道的援助・グローバル・イシューの 7 つの項目で構成されている（U. S. Department of State），以下の記述はこの文献による。
44) Strange, 訳 p. 137。
45) 本山美彦，1999，p. 1。
46) 同上，p. 4。
47) Strange, 訳 p. 160。

**参考文献**

Arestis, Philip and Panicos O. Demetriades (1995) 'The Ethics of Interest Rate Liberalisation in Developing Economies' In Stephen F. Frowen and Francis P. McHugh (eds.), *Financial Decision-Making and Moral Responsibility*, Macmillan.

Chick, Victoria (1992), "The Evolution of the Banking System and the Theory of Saving, Investment of Saving", edited by Philip Arestis and Shelia C. Dow, *On Money, Method and Keynes*, Macmillan.

Crotty, James R. (1992) "Neoclassical and Keynesian approaches to the theory of investment", *Journal of Post Keynesian Economics*, 14 (4).

Davidson, Paul (1986) "Finance, funding, saving, and investment", *Journal of Post Keynesian Economics*, 9 (1).

Dutt, A. (1990-1), "Interest rate policy in LDCs: a post-Keynesian view", *Journal of Post Keynesian Economics*, 13 (2), pp. 210-32.

Fry, M. J. (1995), *Money, Interest, and Banking in Economic Development*, second edition, The Johns Hopkins University Press.

Grabel, Ilene (1994), "The political economy of theories of 'optimal' financial repression: a critique", *Review of Radical Political Economics*, 26 (3), pp. 47-55.

—— (1995), "Speculation-led economic development: a post-Keynesian interpretation of financial liberalization programmes in the Third World", *International Review of Applied Economics*, 9 (2), pp. 127-49.

—— (1998), "Financial Markets, the State and Economic Development: Controversies within Theory and Policy", edited by Philip Arestis, Malcolm Sawyer, *The Political Economy of Economic Policies*, Macmillan.

Kapur, B. (1992), "Formal and informal financial markets, and the neostructuralist critique of the informal financial liberalization strategy in less developed countries", *Journal of Development Economics*, 38, pp. 63-77.

Keynes, J. M. (1973a), *The general theory of employment interest and money*, CW 7, Macmillan. 塩野谷祐一訳 (1995),『雇用・利子および貨幣の一般理論』東洋経済新報社。

—— (1973b), *The general theory and after: part II, defence and development*, CW 14, Macmillan.

Kregel, Jan A. (1996), "The policy Implications of the Currency Bank Crisis, or 'Is Free Market Capitalism Compatible with Endogenous Money?'", edited by Ghislain Deleplace and Edward J. Nell, *Money in Motion - The Post Keynesian and Circulation Approaches*, Macmillan.

Mckinnon, R. I. (1973), *Money & Capital in Economy Development*, The Brookings Institution.

—— (1991), *The order of economic liberalization: Financial control in the transition to a market economy*, The Johns Hopkins University Press.

Minsky, H. P. (1986), *Stabilizing an Unstable Economy*, Yale University Press. 吉野紀・浅田統一郎・内田和男訳 (1986),『金融不安定性の経済学』多賀出版。

Shaw, E. S. (1973), *Financial Deepening in Economic Development*, Oxford University Press.

Stiglitz, J. E. and A. Weiss (1981), "Credit Rationing in Markets with Imperfect Information", *AER*, Vol. 71.

Strange, S. (1994), *States and Markets*, 2nd ed., Pinter Publishers. 西川潤・佐藤元彦訳 (1994),『国際政治経済学入門』東洋経済。

Studart, Rogério (1993), "Financial repression and economic development: towards a post Keyesian alternative", *Review of Political Economy*, Vol. 5, No. 3.

—— (1995), *Investment Finance in Economic Development*, Routledge.

―――― (1995-96), "The efficiency of financial systems, liberalization, and economic development", *Journal of Post Keyesian Economics,* Vol. 18, No. 2.
Tobin, J. (1965), "Money and Economic Growth", *ECONOMETRICA,* Vol. 33, No. 4.
U. S. Department of State (1996), *Strategic Plan for International Affairs,* http://www.state.gov/ ― 1997年3月1日アクセス。
Wray, L. R. (1990), *Money and Credit in Capitalist Economies ― The Endogenous Money Approach,* Edward Elger.
　　―――― (1992), "Alternative theories of the rate of interest", *Cambridge Journal of ECONOMICS,* Vol. 16.
World Bank (1993), *The East Asian Miracle: Economic Growth and Public Policy.* 白鳥正喜監訳 (1994), 『東アジアの奇跡』東洋経済新報社。
伯井泰彦 (1996), 「なぜ資本主義は貨幣を管理できないのか―― L. R. Wray の内生的貨幣供給論をめぐって――」『経営と経済』(長崎大学) 第76巻第2号。
辻　信二 (1996), 「途上国における金融抑圧と自由化」『経営論集』(東洋大学) 第42号。
本山美彦 (1996), 『倫理なき資本主義の時代』三嶺書房。
　　―――― (1999), 「金融の政治経済」mimeo。

# 第5章 経済危機と為替投機
## ―97年の韓国を事例として―

## 1│ はじめに

　1992年のメキシコ・ペソー暴落は開発途上国の経済発展が現実的に難しい問題であるという認識を改める契機となった。しかし，前章で議論したように，主流派経済学は金融自由化が進んでいないことによる市場の反発であると結論付けた。つまり開発途上国の経済開発の障害要因は政府の金融規制であるとしたのである。その後，メキシコでは自由化プログラムが導入されたが，94-95年に再び危機に直面した。さらに，97年には経済成長のモデルとして言われていた韓国経済までもがデフォルト状態に陥り大きな波紋を呼び起こした。本章は開発途上国危機のひとつの事例として韓国を取り上げ，経済危機の原因を明らかにする。

　韓国の危機は政治的にも争点化し，98年に韓国の監査院は監査結果をまとめた報告書を発表した。この報告書は，通貨危機の原因として，経常収支赤字の累積，短期債務増加，大企業の倒産，金融機関の外貨管理問題，対外信用度下落，東南アジアの危機など，6つの項目をあげている[1]。このことについては以下詳しく議論することになるが，監査院のあげている内容は危機の原因よりむしろ結果である。結論を先取りすると，我々は韓国危機の原因を国際政治戦略として打ち出された金融自由化と国内政治の市場制御失敗による為替投機の過程として把握する。

　このときの危機は，韓国の問題のみならず，東南アジア諸国を含む開発途上国全体の危機でもあった。アジア経済成長の理論化を試みた多くの仮説はもちろんのこと，アジア成長の限界を示した理論さえ[2]，危機の警鐘を鳴らすこと

は決してなかった。すなわち貨幣は中立的なものであり，実物経済の潤滑油であると把握してきたいわゆる主流派経済学の枠組ではこれは説明できない現象かもしれない。クルーグマンはこのことについて，「今回のアジアの危機は今までの危機とは異なる全く新しいタイプである」と説明している[3]。しかしこのようなクルーグマンの言い逃れは彼の歴史知識の貧しさを呈しているだけである。我々はすでに1930年代に世界規模での恐慌を経験しており，それは国際短期資本の連鎖的回収によるものであったことも明らかになっている[4]。つまり今回のアジア危機ならびに韓国の通貨危機は決して新しいパターンではなく，戦前と同じように国際的に展開した金融自由化と為替投機によって引き起こされた結果なのである。

この問題を詳しく議論するために，次節では韓国経済危機が表面化した直接的原因とされる外貨枯渇問題とIMF救済金融の内容を検討する。第3節では韓国通貨危機に対する諸見解を紹介しその限界を議論する。それから第4節では 国際政治と国内政治（＝自由化と市場制御の失敗）という視角で韓国通貨危機の過程を把握し，第5節では金融当局と企業の投機場となったNDFs市場を分析する。

## 2│ 外貨枯渇とIMFの救済融資

韓国の危機が表面化したのは97年10月末頃であるが，IMFへ緊急融資を求めることとなった直接的きっかけは外貨準備が枯渇したことによる。韓国の外貨準備高の推移をあらわす表5-1を見ると，使用可能な外貨が97年10月には223億ドルであったが，11月には72.6億ドルと激減しており，この時点ですでにデフォルトを宣言してもおかしくない状態である。なぜ1ヵ月の間に外貨保有額が激減したのか。これは，言うもでもなく，韓国銀行が行った為替市場介入による。

巨額の対外債務に国民経済を依存させている韓国にとって外貨保有高はひとつの生命線とも言える。しかも韓国は他の開発途上国よりも短期債務依存度が

## 第5章 経済危機と為替投機―97年の韓国を事例として―

**表5-1 韓国の外貨保有高推移**

(単位:億ドル)

|  | 96年末 | 97.3月 | 6月 | 9月 | 10月 | 11月 | 12月 | 98.1月 |
|---|---|---|---|---|---|---|---|---|
| 総外貨保有高(A) | 332.4 | 291.5 | 333.2 | 304.3 | 305.1 | 244.0 | 204.1 | 235.2 |
| 海外預入金(B) | 38.2 | 80.1 | 80.1 | 80.1 | 80.1 | 169.4 | 113.3 | 109.5 |
| その他(C) | - | - | - | - | 2.0 | 2.0 | 2.0 | 2.0 |
| 外貨保有高(usable) | 294.2 | 211.4 | 253.1 | 224.2 | 223.0 | 72.6 | 88.7 | 123.6 |

注:外貨保有高=A-(B+C),98年1月中IMF支援金30.1億ドルを含む。
一方,98年1月末現在,未決済先物取引残高は47億ドル。
出所:各報道による。

深刻なものであった。韓国の対外債務のうち,短期債務の比率は,表5-2の示すようにアジア各国に比べても非常に高い。つまり韓国の短期債務依存度は70%前後を示しているが,この数字は90年代に入り通貨危機を経験したメキシコよりも,またアジアと中南米の平均よりもはるかに高い[5]。また韓国の対外債務総額は1997年6月基準でアジア全体の26.5%を占めており,借金づけ経済の実状をうかがわせる。

IMFは望ましい外貨保有額を3ヵ月の輸入額に相当する金額としている。これを基準にすると,韓国は約360億ドルの外貨を保有する必要があるが,表5-1でわかるように,韓国の外貨保有額はこの基準からも遠く離れている。短期債務の返済,利子の支払などに迫られ,97年11月に韓国政府が選択できる道はデフォルトを宣言するか,IMFに救済を申請するかしかなかった。結局韓国は97年11月21日にIMFへ救済金融を正式に申請し,早いスピードで合意に至り,同年12月3日にIMFの金融支援史上空前絶後の金額である570億ドルの支援が発表された。

IMFと韓国政府の合意内容は2つの点において人々を驚かせた。まず,表5-3の示すように,融資予定金額があまりにも巨額である。各国への金融支援

表5-2 開発途上国の対外債務額と短期債務の比率

(単位:10億ドル・%)

| 国・地域 | 基　準 | 対外債務総額 | 短期債務の比率 |
|---|---|---|---|
| 韓国 | 1996年6月 | 88.0 | 70.8 |
|  | 1997年6月 | 103.4 | 67.9 |
| タイ | 1996年6月 | 69.4 | 68.9 |
|  | 1997年6月 | 69.4 | 65.7 |
| インドネシア | 1996年6月 | 49.3 | 60.0 |
|  | 1997年6月 | 58.7 | 59.0 |
| 中国 | 1996年6月 | 50.6 | 48.4 |
|  | 1997年6月 | 57.9 | 52.0 |
| マレーシア | 1996年6月 | 20.1 | 49.7 |
|  | 1997年6月 | 28.8 | 56.4 |
| 台湾 | 1996年6月 | 22.5 | 86.4 |
|  | 1997年6月 | 25.2 | 87.3 |
| ブラジル | 1996年6月 | 63.2 | 57.7 |
|  | 1997年6月 | 71.1 | 62.2 |
| メキシコ | 1996年6月 | 57.0 | 47.8 |
|  | 1997年6月 | 62.1 | 45.5 |
| アジア | 1996年6月 | 337.8 | 63.3 |
|  | 1997年6月 | 389.4 | 62.2 |
| 中南米 | 1996年6月 | 220.8 | 53.1 |
|  | 1997年6月 | 251.1 | 52.3 |

注:対外債務統計は発表機関により多少異なる。
出所:BIS (1998), *The Maturity, Sectoral and Nationality Distribution of International Bank Lending*, first half 1997.

第5章 経済危機と為替投機―97年の韓国を事例として―

表5-3　韓国への融資予定額

(単位：億ドル)

| | IMF | その他の国際機構 | IMF加盟国 |
|---|---|---|---|
| 内訳 | 1997. 12.4 ： 55.6<br>12.18 ： 36.0<br>1998. 1.8 ： 20<br>1998. 2.15<br>～5.15 ： 59.6<br>1998. 11.15 ： 19.6<br>2000. 11.15 ： 19.6 | IBRD：100<br>ADB ： 40 | 日　　本：100<br>アメリカ： 50<br>イギリス： 12.5<br>ド イ ツ： 12.5<br>フランス： 12.5<br>イタリア： 12.5<br>カ ナ ダ： 10<br>豪　　州： 10 |
| 合計 | 210.4 | 140.0 | 220.0 |
| | 570.6 | | |

注1：この他にもベルギー・オランダ・スイス・スウェーデンなども支援表明を行ったが，時期と金額は未定である。
注2：1998年2月まで実行された融資額はIMFからの151億ドルである。
出所：韓国銀行（1997.12），『IMF 의금융지원과우리의대응』（『IMFの金融支援と我々の対応』），韓国銀行経済教室講義資料，pp. 3-7。

予定額をみると，95年にメキシコの場合は516億ドル（うちIMFからは177億ドル），97年のタイの場合は172億ドル（うちIMFからは40億ドル），インドネシアの場合は，380億ドル（うちIMFからは100億ドル）である。つまり韓国への予定支援規模は，その総額はもちろんのこと，IMFの待機性借款（stand-by credit）においても他の国家に比べても極めて大きい金額である[6]。これを各国のIMF出資金クォーターの倍率で計算すると，タイは505%，インドネシアは490%，メキシコは688%，韓国は1939%となる。つまり韓国はIMFクォーターの19倍の融資を受けることになった。

　もうひとつ，人々を驚かせたのは，IMFの支援条件（conditionality）である。韓国のマスコミは97年12月3日にIMFと韓国政府との合意内容が発表されたことを国辱及び経済植民地化という言葉で報じた。つまりIMFの政策要求は今までの韓国経済のあり方を完全に無視した新体制を要求するものであった。IMFの支援条件は，超緊縮財政，金融機関構造調整，資本市場完全自

101

由化，財閥の解体及び整理解雇制の導入などとなっており，マクロ政策目標としては，成長率の下向調節，物価上昇率の5％以内での抑制，貿易のバランス維持などを設定している。

この支援プログラムは，構造改革を通じ，経済活動の完全自由化を達成するというIMFの意志でもあった。韓国危機の原因については次節で詳しく議論するが，韓国危機が実物経済によるものではなく金融問題であることは誰もが認める。にもかかわらず，これほど全部門における政策変更を要求しているのは普通のことではない。つまり韓国に対して巨額の支援を緊急支援制度（Emergency Financial Mechanism）を通じ速やかに行った裏には「自由化」という兵器が隠されていたのである。したがって97年の韓国危機は自由化と外貨枯渇の問題を軸にして分析しなければならない。

## 3 韓国危機に対する諸見解

韓国危機の原因については大きく3つの見解がある。まず，政府の市場介入によるものとみる見解，2つ目は実物経済低迷，3つ目はいわゆる金融機関のモラル・ハザードの問題である。

韓国政府と融資協議を行ったIMFは，危機の原因を韓国政府の無能さに求めた。つまり企業及び銀行に対する政府支援，市場経済の動きを撹乱する政府の介入，外国企業への差別政策などによって危機は発生したと分析した[7]。要するにIMFは，韓国政府の政策失敗を問題としたわけではなく，市場介入そのものを問題としたのである。

この危機が表面化する以前，IMFは韓国経済を経済開発に成功したモデルとして扱ってきた。またその原因を政府主導による外資導入・輸出産業育成と説明してきた。しかし危機の原因について，IMFは正反対の診断を下した。経済を成功に導いた韓国政府の政策を激賞した国際機関の研究は当時数多く発表された。その中でも，世界銀行は重化学工業化ドライブ政策・政策金融・補助金による輸出振興策などの韓国政府の行ってきた市場への介入を非常に高く

第5章 経済危機と為替投機—97年の韓国を事例として—

表5-4　危機をめぐる韓国経済の状況

| 日　付 | 主　要　内　容 | 備　考 |
|---|---|---|
| 1.23（97） | 韓宝鉄鋼不渡り | 負債総額は約5兆ウォン |
| 6.17 | 株価年中最高値記録 | 綜合株価指数：792.29 |
| 7.15 | 起亜グループ不渡り猶予 | |
| 9.1 | NDFs市場の投機傾向報道（毎日経済） | |
| 9.3 | 韓国銀行為替市場介入示唆 | 905ウォンの防衛線設定 |
| 9.9 | IMF年例報告書発表：韓国をその他の先進国と分類（スウェーデンなど） | メキシコは開発途上国 |
| 9.20 | BIS総裁（Verplaetse）は韓国通貨危機可能性否定 | Arab Bank PLC, SBC等は韓国の信用ライン拡大発表 |
| 9.27 | 韓国銀行・財政経済部は大企業の資金担当者に対して為替投機自粛要請 | 9月中中長期海外借入れ額：28億6千万ドル |
| 10.16 | IMFは韓国経済状況を楽観的に評価、またOECDは98年度韓国経済成長率を6.0％から6.5％に修正 | |
| 11.3 | ヘーテグループ和議申請 | |
| 11.13 | 金融当局は不法為替投機捜査示唆 | |
| 11.14 | 韓国銀行はNDF市場介入示唆 | |
| 11.20 | 一日為替変動幅を±2.25％から±10％へ拡大 | |
| 11.21 | IMFの救済金融公式要請 | 11月末外貨保有高72.6ドル |
| 12.3 | 韓国政府—IMF資金支援条件最終合意 | |
| 12.11 | 資本市場全面開放 | |
| 12.16 | 一日為替変動幅制限廃止 | |
| 1.29（98） | 債務繰り延べ合意 | 250億ドルを中長期負債へ |
| 1.30 | 綜合金融社（ノンバンク）10社の認可取り消し | 30社のうち |

出所：各報道による。

評価した[8]。このように政府の適切な市場介入を評価してきたにもかかわらず，危機後の IMF の韓国経済に対する診断は大きく異なるものであった。

IMF は，表5-4 の示すように，すでに韓国の通貨危機が噂された9月に年例報告書を発表し，韓国より早く OECD 入りを果たしたメキシコを開発途上国としながらも，韓国はスウェーデンなどと同じようにその他の先進国 (the other developed country) と分類した。この報告書において，韓国経済を懸念する言葉はもちろんのこと，韓国政府の市場介入そのものを問題視する診断は決してなかった。さらに通貨危機が完全に表面化した10月に入って，OECD は韓国の98年予想経済成長率を6.0％から6.5％に上方修正しており，IMF も韓国経済状況を楽観的に評価すると発表した。つまり韓国支援の条件として，IMF が問題とした韓国政府による市場介入という診断は，後から脚色した作り話であり，まさに論点相違の虚偽であると言わざるを得ない。

次に実物経済の低迷から危機の原因を求める見解である。これは最も一般的に言われている分析であり，韓国監査院がまとめた報告書の中心内容でもある。つまり韓国通貨危機を，同年7月の起亜グループ系列会社の破綻→起亜グループの破綻→メインバンクである第一銀行の破綻→外銀の韓国金融機関への貸し渋り→通貨危機という経路で把握する[9]。また韓国銀行も通貨危機の原因として大企業の一連の倒産，経常収支赤字などをあげており，こうした大企業の倒産の出発点となったのは90年代初めから始まった財閥企業の過度な設備投資であるとしている[10]。

確かに97年度には幾つか大企業の大型倒産があった。1月の韓宝グループの倒産から11月にヘーテグループの和議申請に至るまでの一連の倒産があった。しかしそれと通貨危機を直接的に結び付けることはできない。韓国において財閥の大型倒産は97年度に限るものではない。80年代においても国際グループの倒産があったし，企業の過度な設備投資は80年代にも問題とされた。つまりなぜ80年代には通貨危機が起こらなかったのか，起亜グループ破綻より多額の不良債権を銀行にもたらした韓宝グループ倒産の後に直ぐ通貨危機が発生しなかったのはなぜか，この見解は説明できない。

## 第5章 経済危機と為替投機—97年の韓国を事例として—

　貨幣的現象を実物経済の低迷から説明しようとするこのような根強い考え方は新古典派経済学においても正統派マルクス経済学においてもその理論の中心をなす。この両理論にとって経済の出発点はあくまでもモノであり，貨幣はモノとモノの媒介物に過ぎない。したがって主流派経済学にとっては，貨幣が経済の中心的役割を演じることは決してなく，経済が安定する理由も逆に危機に陥る理由もいつもモノの現象なのである。韓国経済がIMF管理下に入ることとなった直接的原因は，幾つかの財閥企業の破綻でも外国銀行の貸し渋りでもなく，韓国銀行の外貨枯渇である。むしろ企業破綻及び外国銀行の貸し渋りなどといった問題はこの金融危機の結果であったと理解すべきであろう[11]。

　最後に，韓国の通貨危機を金融機関のモラル・ハザードとして把握する見解である。クルーグマンは韓国危機の本質を実物経済ではなく金融現象として把握する。しかし従来通貨危機を説明してきた2つの理論[12]では今回の韓国危機の説明はできないとする。すなわち韓国の場合は深刻な財政赤字状態でもなかったし，ヘッジ・ファンドのウォン切り下げ期待心理が働いた痕跡も見当たらない。さらに危機の伝染説（crisis contagion）も東南アジアと韓国の経済的相互依存度はそれほど強くないことから否定する[13]。

　クルーグマンはアジア危機の一般的原因として金融会社のいわゆるモラル・ハザードの問題をあげる。タイにおいても韓国においても，ノンバンクを含む金融会社は短期借入−長期貸出といった資金運用を行ったが，これが投機資金化したり，または企業の過度な設備投資を刺激することになったと分析する。要するに銀行の資金運用のあり方によりバブルが発生し，今回の危機はその崩壊過程の現われである，と把握する。これはバブル経済を媒介としたひとつの循環論的アプローチであるが，しかしその問題ではない。

　今回の危機を金融的現象として捉えている点に限ってクルーグマンは正しい。しかしこれはただの現象認識であり，原因を明らかにしているとは言えない。クルーグマンの論理に従っていうならば，タイと韓国の金融会社はなぜ巨額の短期借入が可能であったのかを説明しないといけない。なぜならばそこが問題の出発点になるからである。その始まりは，金融自由化である。

アジア危機を議論するために各国の専門家を招いて98年3月にワシントンでIMFセミナーが開かれた。韓国から出席した関係者は,「韓国の場合は短期取引の自由化を先行させ,対外的な短期債務の急増を招いたことが間違いだった」と,この問題が自由化から始まったことを告白していた[14]。

94-95年のメキシコ危機の時からアジア危機に至るまで,IMFが支援条件として掲げたプログラムは一言で「自由化プログラム」である。つまり開発途上国の一連の危機は,市場の反応を無視した政府の規制に原因があるとし,問題を解決するためにはこの規制をなくすべきだという。こうしたIMF政策に対し,当時世界銀行のスティグリッツ副総裁は,「アジア通貨危機の底流には金融部門の問題があり,メキシコなど過去の通貨危機とは異なる」と述べており,またハーバード大学のサックスは,「景気後退を招く金融政策で金融市場を安定させるのは困難である」と,IMFの支援条件を疑問視している[15]。しかし両氏も資本自由化そのものを非難することはなかった。このような傾向は世界の碩学が参加した98年3月のIMFセミナーでも見られた[16]。

このことに関連して,『日本経済新聞』は,「米政府は,アジア各国の金融危機を市場開放実現の好機ととらえ,(中略) IMFを中心とする支援計画で米国が主導権を握り,緊急融資の条件として規制緩和や制度改革など米産業界の要望を盛り込む戦略だ」[17],と記している。要するに韓国に巨額融資を可能にした緊急支援は,韓国市場の自由化を前提条件とした米産業界の戦略であったのである。にもかかわらず,韓国銀行はIMFがアメリカなどの利益を代弁する機構という認識は客観的見解ではないし,IMFの行った特別配慮に対しては感謝すべきであると述べている[18]。

98年に入ってから韓国の資本市場は実際に外国人によって左右されている。韓国銀行は資本自由化によって98年中に約3兆ウォンの外国人資本が流入すると見込んだが,すでに3月初旬に6兆ウォンを突破している。外国人保有の株総額は韓国国内機関投資家の保有額を上回っており,このような動きは債券市場にも見られる[19]。95年のメキシコ危機は急激な短期資本の移動と引き揚げにより惹起されたが,これから韓国においても同型の金融危機の再来はいつ

## 第5章 経済危機と為替投機—97年の韓国を事例として—

でも可能な状態となったと言えよう。

金融自由化の理論については第4章において詳しく検討したが，金融自由化理論は主に新古典派経済成長論から出発したものである。ケインズは『一般理論』において，「もし個人による投資物件の購入が流動的なものになると，そのことは，個人にとって自分の貯蓄を保有する代わりの方法があるかぎり，新投資を著しく阻害するだろう。これがディレンマである。(中略) 現実の資本資産を購入するという方法を十分魅力的なものにするには，これらの資産を簡単に貨幣に換えることのできる市場を組織するよりほかに途はない」[20]と，金融市場組織化の必要性を指摘した。

新古典派自由化理論に反対するポスト・ケインジアンの1人であるステュダルトは，このケインズの主張に着目し，開発途上国における情報の提供を通じ非流動的であるような資産に流動性を提供することのできるセカンダリー・マーケットの創設を主張した[21]。つまりステュダルトにとって，セカンダリー・マーケットの円滑化機能は，ミンスキーのいう金融不安定性 (financial instability) のリスクを緩和するだけではなく，企業と銀行に長期的な資産のファイナンス・メカニズムを提供することにより，経済成長の重要な役割を担うものである。ステュダルトはその事例として韓国の投資銀行システムを取り上げた[22]。

ステュダルトにとって韓国の開発銀行は，短期融資を長期ファイナンスすることにより，経済発展の原動力となるシステムであるが，今回韓国危機はこれらの金融機関の管理失敗から発生したのである。ポスト・ケインジアン理論に従って言えば，これが成功するためには内生的な貨幣供給が可能なことを前提条件とする。しかし少なくとも開発途上国における内生的貨幣供給という問題は，外資導入を前提とするため，現実的に「国際政治の領域」である。したがって，開発途上国の経済現象は，政治という窓を通じて透視する必要がある。

## 4│ 国際政治と国内政治＝自由化と投機制御の失敗

　第4章で議論したように，金融自由化は純粋な経済領域ではなく，国際政治の領域である。貿易においても同じである。1948年に「ハバナ憲章」と共に発足するはずであった国際貿易機構（ITO）がアメリカの保護主義政策によって挫折したことはいい例である。現在WTOと同じく完全自由化を目標としたITOはアメリカの産業を保護する目的でGATTに変わってしまった[23]。当時アメリカの自由化反対は，言うまでもなくアメリカの高い関税率を撤廃したくなかったためである。90年代の自由化は相手側の関税率と規制を撤廃するために展開されている。

　韓国銀行の金融経済研究所は，通貨危機が表面化する前に，韓国はヘッジ・ファンドの攻撃要因がなく，また外国資本が急激に引き揚げる可能性も少ないため，外貨保有額の激減や急激なウォン安といった通貨危機は想定できないとした報告書を出した[24]。結果的にこの報告書の予想は見事に外れることとなったが，しかし報告書において想定したように，ヘッジ・ファンドの攻撃も外国資本の急激な引き揚げも，また巨額の経常収支赤字もなかった。要するに韓国の通貨危機はこのような経路ではなく新たな道を辿ったのである。

　注目すべきことは，金融自由化の段階的実施によって，急激に短期資本が流入していたことである。当時韓国通貨当局の対外債務の危険性に対する認識はなかった。韓国の対外債務額は危機が表面化した97年11月に1618億ドルに達しており，特に民間部門による短期債務額は驚愕に耐えない大きさである[25]。韓国の対外債務額は93年までにIBRD基準で約400億ドルであったが，その後，激増し96年には1575億ドルになる。つまり3年の間に約1200億ドルも増加した結果となった。これを可能にしたのは言うまでもなく安い金利を背景とした日本を含む欧米銀行の国際的業務展開である。

　対外短期債務が急増するこの時期に，韓国の民間企業は海外で短期資本を借り入れそのまま直接投資に入れ込む事業展開を積極的に行った。財政経済部の当時次官であった李錫采は，財政経済部としてはその危険性を早く感じ，海外

# 第5章 経済危機と為替投機—97年の韓国を事例として—

に1億ドル以上の直接投資を行うときには投資額の20％以上を自己資本で賄うという内容の法律を準備したが，企業の自由化論理に押さえられて実行することができなかったと証言している[26]。つまり韓国の急激な対外債務の増加は，国内民間企業や銀行が自由化の波に便乗し，短期資本を積極的に取り入れる事業展開を行ったことと，一方これに対する政府の調節能力が欠如していたことによると理解できる。ところで，対外債務が急激に増加したことが直ちに通貨危機につながるとは限らない。

韓国経済は97年に新たな局面を迎えた。当時韓国の民間企業や民間銀行は，主に短期借り入れを長期貸付する資金運用を行ったため，97年に入ってから短期及び中期債務の返済に迫られた。こうした返済に応じるためには，投資を回収することができないので，新たな融資を求めざるを得ない状況であった。97年の上半期に韓国の通貨危機が表面化しなかったのは新規借り入れがある程度可能であったからである。

他方，韓国政府は97年12月に大統領選挙を控えていた。当時の政府にとって政権を再創出することは至上命令である。金泳三政権が大統領の功績として掲げたのは，韓国経済がOECDに加入して先進国入りを果たしたことであった。金泳三政権にとって，大統領選挙で勝利するためには，97年中にも持続的に経済成長を維持する環境が必要であった。経済的豊かさを選挙民1人ひとりが実感するのはやはり個人所得である。それで当時の政権が打ち出したのは1人当りGDP1万ドルの維持政策であった[27]。97年8月から為替レートの防衛線を具体化したのはこのためであった。つまり韓国銀行が無差別的に為替市場介入を行ったのは1人当りGDP1万ドル維持という政治的意図が隠されていた。

97年下半期に入り，民間企業や銀行の外貨需要は一層高騰した。すなわち借入金を返済するためにはドルが必要であった。先に述べた通り，新規借り入れが可能であれば，取りあえず危機を先送りすることはできる。この時期に新規借り入れが難しくなったことに対する一般的な説明は，7月の起亜グループなどの倒産により都市銀行が大量の不良債権を抱え，国際的信用度が落ちたた

めであるという。しかし,表 5-4 の示すように,9 月に PLC 及び SBC は韓国に対する信用拡大を相継いで発表しており,また同月に韓国は約 28 億ドルの中長期借り入れを行っている。さらに 9 月までに韓国に対する国際信用評価会社の格下げ等級調整は行われなかった[28]。つまり,新規借り入れが行き詰まったのは,韓国銀行の為替市場介入により同銀行保有の外貨が枯渇したと噂された 10 月以後なのである。国際的に韓国の通貨危機の可能性が一般的認識となったのは 10 月中旬からであり,この時に韓国のマスコミも外貨保有高の枯渇可能性を報じた[29]。

　今までの議論を要約すると以下の通りである。韓国の通貨危機は金融自由化に便乗した急激な短期資本借り入れから始まる。97 年に入り韓国当局は政治的思惑からウォン安防止政策を展開したが,この時期と国内企業及び銀行が債務の返済に迫られ外貨需要が高まった時期が重なる。結局この両側の利害が相反し,次節で詳しく触れることになるが,NDFs 市場を介して両側は苦しい闘いを繰り広げる。この過程で韓国銀行は保有外貨を使い果たし外貨枯渇となった。この外貨枯渇状態が噂され結局国家信用度を落とし,それによって新規借入が困難となり,最後に IMF の支援プログラムに依存することになったのである。NDFs 市場は貨幣投機システムの典型である。国際政治が自由化をうみ,国内政治が投機をうんだ過程が韓国の危機プロセスである。

　「自然現象とは異なる経済現象の基底には,「投機行為」を人間社会がもつという点にある。(中略) 将来の変化を予測し,その予測に従って投機が生じるとき,膨大なその投機が現在経済のファンダメンタルズをも変えてしまい,従来の慣習自体が運用しなくなる」[30]。つまり実物経済の危機というものはほとんど貨幣現象から起因するものである。政治が求められる理由はまさに貨幣現象が存在するからであり,このことは市場の自己調節能力を否定できる根拠でもある。したがって韓国危機はこの投機を制御できなかった政治の責任であると言えよう。

|第5章| 経済危機と為替投機―97年の韓国を事例として―

# 5 投機システムとしてのNDFs市場

　NDFs（Non Deliverable Forwards）市場というのは1995年に一部の為替ディーラーにより出発した為替先物市場のことである。1998年現在，表5-5の

表5-5　NDFs市場での取引通貨

| 市場 | 取引通貨名 |
|---|---|
| 香　　港 | 韓国ウォン<br>台湾ドル<br>フィリピン・ペソ<br>インド・ルピー<br>タイ・バーツ<br>インドネシア・ルピア |
| シンガポール | 韓国ウォン<br>台湾ドル<br>フィリピン・ペソ<br>インド・ルピー<br>タイ・バーツ<br>インドネシア・ルピア |
| ロ　ン　ド　ン | ハンガリー・フォリント<br>メキシコ・ペソ<br>台湾ドル<br>フィリピン・ペソ<br>ポーランド・ズウォティ |
| ニューヨーク | アルゼンチン・ペソ，ブラジル・レアル<br>チリ・ペソ，コロンビア・ペソ<br>チェコ・コルナ，エクアドル・スクレ<br>ハンガリー・フォリント，メキシコ・ペソ<br>韓国ウォン，台湾ドル，フィリピン・ペソ<br>タイ・バーツ，インドネシア・ルピア<br>ポーランド・ズウォティ，インド・ルピー<br>ベネズエラ・ボリバル，レバノン・ポンド<br>ペルー・ヌエボ・ソル |

出所：各報道による。

示すように,香港,シンガポール,ロンドン,ニューヨークにNDFs取引が行われている。資本取引にある程度の制限を加えているほとんどの開発途上国の通貨がこの市場において商品となっている。

取引方法は約定の日に現物為替レートとの差額のみをドルで支払う方法である[31]。この取引はオフバランス取引の一種であるが,取引条件が定型化されていない点でフューチャーズとも異なり,現物の受渡が行われない点で正式なフォワードとも異なる取引である。つまりインフォーマル・フォワードである。NDFs取引は決済リスクが少ないことだけではなく,域外取引が容易であるため,ヘッジ手段としてあるいは投機手段として利用されている[32]。韓国国内でNDFsを問題としたのは2つの理由のためであった。ひとつはNDFs市場の為替レートが国内為替レートの先行指数としての役割を果たしたことであり,もうひとつは国内企業と銀行がこの市場にプレーヤーとして参加していたことである。

まず,国内市場とNDFs市場における為替レートの推移を見ると,NDFsレートと翌日国内市場のレートとの間には正の相関関係があることを示す[33]。ウォン安局面においてもウォン高局面においても先に動いたのはNDFs市場である。つまり国内市場のレートは後からNDFsレートを追っていく形であった。後に韓国銀行がNDFs市場介入を決めたのはこの理由である。

次に韓国の企業と銀行のNDFs市場での取引問題である。韓国の企業と銀行がどのような規模でどのような会社が参加していたのかは明らかにされてないが,それが実需要に基づいたものであれ投機を目的とした取引であれ,韓国の為替取引法に違反したことになる。しかしこの取引を仲介しているブローカーが顧客リストを公開するはずがないため,それを明らかにすることは不可能であろう。

韓国当局がNDFs市場に対して警戒を強めたのは,97年9月からである。韓国銀行の積極的な市場介入にもかかわらずウォン安が進行するのは,企業が国内市場でドル買い,NDFs市場でドル売りを行っているためである,という内容が報道された。また財政経済部と韓国銀行は大企業(現代・三星・大宇な

第5章 経済危機と為替投機―97年の韓国を事例として―

**図 5-1　為替市場をめぐる資金の流れ**

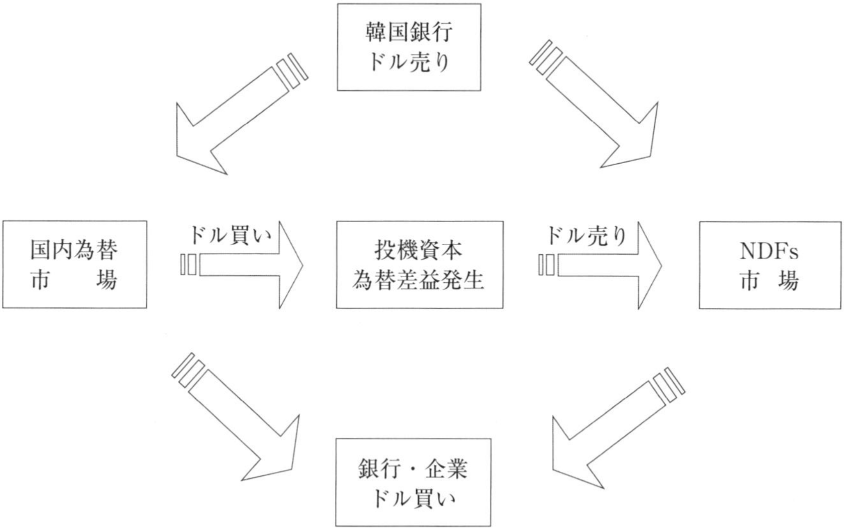

```
                    韓国銀行
                    ドル売り
           ↙                    ↘
  国内為替    ドル買い    投機資本      ドル売り    NDFs
  市　場    ――――→   為替差益発生  ――――→  市　場
           ↘                    ↙
                    銀行・企業
                    ドル買い
```

ど）の役員に対して為替市場での為替投機の自粛を求めたが，企業側は企業としては当然の行動であると反発したという[34]。

　韓国当局は11月に入ってから投機的為替取引に対する捜査方針を明らかにした。しかしNDFs市場でのウォン取引量は国内先物取引の何倍もの規模にまで成長し，国際ヘッジ・ファンドまでがこの取引に参加していると報じられた[35]。10月からは韓国銀行もすでにNDFsの中心的顧客になっていたのである。

　この流れは次のように整理される。まず韓国銀行はウォン安にブレーキをかけるために国内市場においてもNDFsにおいてもドル売りに走った。企業及び銀行は国内市場とNDFsでドルを買い入れ，外貨需要を満たそうとした。また投機資本は国内ではドル買い，NDFs市場ではドル売りを行い，為替差益を求めた。この過程でウォン安はますます進行し，一方韓国銀行保有の外貨は枯渇したのである。図5-1はこの流れを図式化したものである。

　韓国銀行は市場介入に費やした規模を公式的には発表していないが，総260億ドルの市場介入を行い，さらに外貨枯渇が完全に表面化した11月にもIMF

へ救済金融を申請する前日までに約66億ドルを使用したという[36]。また韓国銀行はNDFs市場介入により失った金額も明らかにしていないが,約30-40億ドルの損失を被ったと報じられた[37]。

ウォン安を防止するために為替市場の介入を積極的に行った韓国通貨当局の政策を非難するつもりはない。しかし韓国通貨当局は市場が政治の影響からすでに離れていたことに対する認識はほとんどなかった。当時韓国のように資本取引に一定の制限を設けている場合,為替投機は基本的に韓国の銀行及び民間会社あるいは外国投機資本に対する韓国人の仲介により行われる[38]。先にも触れたように,大企業に対して為替投機の自粛を求めるなどといったことは韓国経済史上決してなかったことである。言い換えれば,今回のようにウォン安防止政策が失敗したのは,為替市場に対するコントロール可能な制御手段をすでに失っているにもかかわらず,それを認識することができなかった政治の空白に起因する。

## 6│結　び

97年度のアジア経済危機は政治的変化をももたらした。しかし新しく誕生した新政権は苦しい負の遺産を抱えることになった。韓国の場合,98年に戦後最悪となる200万人の失業者を出しており,現代経済研究院の設問調査によれば,97年の危機以前中産層であると答えた人の30％が所得減少あるいは失業によって下層階級に転落したと答えている[39]。このような現象は韓国経済成長のシンボルとも言われた中産層階級が没落する可能性をうかがわせるものである。

為替投機という非常に短期的経済現象が社会そのもののあり方を根底から覆ってしまう恐怖を我々は経験したことになる。常に長期的分析を好む正統派経済学にとってこのような現象は例外的事柄である。アジア危機において彼らが引き出したのはアジアの構造的問題であり,97年の危機はこのような構造的問題に対する市場の審判であったと教える。しかし韓国の場合,為替投機を主

導したのは市場経済秩序維持の中心的なアクターであるはずの大企業や銀行であった。

　世界史上「マーケットの反応」という言葉がこれほど流行した時代はない。現在の世界は実在しないマーケットという幽霊に振り回され逃げる方向すら示すことができない。ポランニーらの人類経済学の研究は，正統派経済学が主張するように物々交換によって市場が発生したのではなく，政治の必要性によって市場を発生させたことをはっきりと示している。つまり自己調節的市場システムといったものは初めから存在したシステムではない[40]。要するに市場自由化と規制は反対概念ではないのである。なぜなら市場を創造するのは政治であるため，したがって市場の存在は政治のコントロールを前提とするからである。

　またアグリエッタは，「政策とは，社会的現実から情報を得ながら，その現実に影響を及ぼすことを狙いとする制御の一様式なのである」[41]と述べている。したがって，その制御ができなくなったときに，言い換えれば政治に空白が生じたときに危機は訪れる。

注
1) 監査院，1998，pp.8-25。
2) アジア経済成長に関する諸理論については平川均（1997）を，アジア成長の限界を示したのはKrugman（1996）をそれぞれ参照されたい。
3) Krugman, 1998, pp.1-2.
4) 1930年代の金融恐慌については本山美彦（1996）の第7章を参照されたい。
5) 台湾の短期債務の比率は韓国より高い87％前後であるが，経済規模に比べて全体の対外債務は小額である。
6) メキシコは総支援予定額の516億ドルのうち，実際に273億ドルの支援を受けた。詳しくは，三星経済研究所編（1997）の付録を参照されたい。
7) 三星経済研究所編（1997），pp.4-5。
8) World Bank（1993），pp.353-361.
9) 『日本経済新聞』1998年1月22日，朝刊。
10) 韓国銀行，1997b，pp.8-9。
11) 1999年に入って韓国国会では，IMF換乱調査特別委員会を開き，経済危機を招いた原因について，大規模な調査が行われた。証人として出席した姜元副総理は97年11-12月に日本が70億ドルを回収したことが通貨危機の原因であると証言したが（『日本経済新聞』，1999年1月27日，朝刊），これは責任回避に過ぎない証言である。なぜならば日本

の金融機関による資金回収は危機が表面化してからのものだからである。
12) 2つの理論については，第2章第1節を参照されたい。
13) Krugman (1998)，以下の内容はこの論文による。
14) 『日本経済新聞』1998年3月13日，朝刊。
15) 『日本経済新聞』1998年1月12日，朝刊。
16) *The Economist*, "Of take-offs and tempests", 98.3.14-3.20.
17) 『日本経済新聞』1998年1月11日，朝刊。
18) 韓国銀行，1997, p. 5。
19) 『한겨레新聞（ハンギョレ新聞）』1998年3月11日，朝刊。
20) Keynes Vol. 7, 訳 pp. 158-159。
21) Studart, 1995-96, pp. 279-280.
22) Ibid., pp. 292-294.
23) 本山美彦，1996, pp. 110-111。
24) 韓国銀行金融経済研究所，1997, pp. 18-19。
25) 『日本経済新聞』1998年2月7日，朝刊。
26) 『東亜日報』（韓国）1998年2月12日，朝刊。
27) 『한겨레新聞（ハンギョレ新聞）』1998年2月17日，朝刊。
28) S＆Pが韓国の国家信用度の格下げ（AA-からA+へ）を行ったのは10月24日，ムーディーズは11月28日であった。IBCAは10月22日に従来の等級（AA-）を維持すると発表した。
29) 『毎日経済』（韓国）1997年10月22日，朝刊。
30) 本山美彦，1996, p. 167。
31) 例えば，A銀行が，1ドル当り1010ウォンの為替レートで6ヵ月後に1万ドルをB企業から買い入れるNDFs契約を結んだ場合，約定の日の現物レートが1020ウォンであれば，(1020-1010)×10000／1020≒98ドルをA銀行はB企業から受領し，逆に約定の日の現物レートが1000ウォンであれば，(1010-1000)×10000／1010≒99ドルをA銀行はB企業に支払う方法である。韓国銀行，1997a, pp. 22-23。
32) NDFsは為替リスク防止手段としての取引も可能であるが，詳しいことは，David Wilson (1997), "Hedging Exotic Currencies", *International Treasurer*, Nov. 24., それからインドのルピーに関しては，"The Exotic Rupee", *The Money Manager*, Business Standard, August 12, 1997 を参照されたい。
33) 『毎日経済』（韓国）1997年9月4日，朝刊。
34) 『毎日経済』（韓国）1997年9月25日，朝刊。
35) 国内先物市場での取引量は1日約1億ドル前後であったが，NDFsでの取引量は1日約3億-6億ドルに上った。『毎日経済』（韓国）1997年11月24日，朝刊。
36) 99年1月に開かれた韓国国会のIMF換乱調査特別委員会に韓国銀行が提出した非公開資料によると，韓国銀行は直物市場で171億千万ドル，先物市場（NDFs）で88億9千万ドルのドル売りを行った（『한겨레新聞（ハンギョレ新聞）』1999年1月20日，朝刊）。

| 第 5 章 | 経済危機と為替投機—97 年の韓国を事例として—

37) シンガポールの NDFs 市場での 1 日平均ウォン取引額は，バーツとルピアの 10 倍にあたる約 5 億ドルであったという。*Financial Times*, Nov. 12 1997。
38) 『毎日新聞』(韓国) 1997 年 12 月 13 日。
39) 下層階級に転落したと答えた人のうち 20％は元の水準を回復できないかあるいは 10 年以上の時間がかかると答えた (『한겨레新聞 (ハンギョレ新聞)』1999 年 4 月 14 日，朝刊)。
40) Polanyi, 1977，訳, 第 10 章。
41) Michel Aglietta, 1995，訳 p. 200。但し引用文は訳書の訳を修正した。

**参考文献**

Aglietta, Michel (1995), *Macroéconomie financière*. 坂口明義訳 (1998), 『成長に反する金融システム』新評論。
Keynes, J. M. (1973), *The general theory of employment interest and money*, CW 7, Macmillan. 塩野谷祐一訳 (1995), 『雇用・利子および貨幣の一般理論』東洋経済新報社。
Krugman, Paul R. (1992), *Currencies and Crises*, MIT.
——— (1996), "The Myth of the Asia's Miracle", Pop Internationalism, MIT.
——— (1998), "What happened to Asia?", http://web.mit.edu/krugman/www/ ― 1998 年 10 月 1 日アクセス。
Polanyi, K. (1977), *The Livelihood of Man, Academic Press*. 玉野井芳郎・栗本慎一郎訳 (1980), 『人間の経済Ⅰ』岩波書店。
Studart, Rogério (1995-96), "The efficiency of financial systems, liberalization, and economic development", *Journal of Post Keyesian Economics*, Vol. 18, No. 2.
Wilson, David (1997), "Hedging Exotic Currencies", *International Treasurer*, Nov. 24.
World Bank (1993), *The East Asian Miracle: Economic Growth and Public Policy*.
平川均 (1997), 「東アジア工業化ダイナミズムの論理」法政大学比較経済研究所編『東アジア工業化ダイナミズム』法政大学出版局。
本山美彦 (1996), 『倫理なき資本主義の時代』三嶺書房。
——— (1997), What the Recent Turmoil Over Asian Currencies Tells Us?, *Working Paper*, No. 40, Faculty of Economics, Kyoto University.
——— (1998), 「市場は正しいのか」『アジア通貨危機の現状と展望』国際経済学会関西支部シンポジウム (2 月), mimeo。
滝井光夫・福島光丘 編著 (1998), 『アジア通貨危機』日本貿易振興会。
韓国銀行金融経済研究所 (1997), 『헤지펀드 전략과 대응방향』(『ヘッジ・ファンドの戦略と対応方向』) 韓国銀行金融経済研究所。
韓国銀行 (1997a), 『환율변동의 이해와 대응』(『為替レート変動の理解と対応』) 韓国銀行経済教室講義資料。
——— (1997b), 『IMF 의 금융지원과 우리의 대응』(『IMF の金融支援と我々の対応』), 韓国銀行経済教室講義資料。

監査院（1998），『1997年 外換危機의 원인분석과 평가』（『1997年の為替危機の原因分析』）監査院。
三星経済研究所編（1997），『IMF 와 한국경제』（『IMF と韓国経済』）三星経済研究所。

第 6 章

# 通貨システムの崩壊
## ―インド省手形を事例として―

## 1 はじめに

　本章では通貨システムの崩壊と為替投機との関係を議論する。1920年代において，殆どの国では通貨価値を固定することを最高の美徳としたが，逆に1970年代からは殆どの国にとって為替レートの変更できる通貨制度が求められた。それから最近再び為替レートの安定を求める議論が盛んに行われている。これから我々が展開しようとする議論はどちらの制度がより優れたシステムであるかということではなく，なぜある時期に通貨システムは崩壊することになるのかというテーマである。

　実はこの問題に関して議論が今までなかったわけではない。例えば，ブレトン・ウッズ体制が崩壊したことに対しては，トリフィンの提起した流動性ジレンマとドルの過剰供給による信認問題が取り上げられた。また戦前金本位制が崩壊したことに対しては，各国の失業対策としてしばしば実施された貨幣供給量のコントロールによって金本位制のゲームのルールが守れなかったことにその原因を求める[1]。

　通貨システム崩壊の原因をこのように分析した場合，結局国際協調という問題が議論の核心となる。つまり国内政策と国際政策の利害が対立した場合，いかにしてそれを両立するのかを議論するし，また世界経済がうまくいった時期に関してはどれだけ各国が協調的であったかを分析する[2]。同じく世界経済が危機に陥った時期においては自国優先的政策の是非を正すことが焦点となる。

　本章において，我々は，ひとつの異なる視点，つまり通貨システムの崩壊には為替投機が絡んでいるという視点から出発する。第3章でも若干触れたよう

に，ブレトン・ウッズ体制が崩壊した背景には，よく言われる国際収支不均衡の問題があったとしても，それを加速化したのはユーロ・ダラー市場で活躍していた膨大な投機的短期資本である。実際にアメリカの国際収支赤字は100億ドル前後であったが，外国公的機関が保有するドルは短期的資本移動の効果によって300億ドルまで達していた[3]。通貨から他の通貨へと姿を乗り換える短期資本の動きこそが為替投機であるが，結局システムの崩壊を導く。この問題を詳しく議論するために本論に入りひとつの事例としてインド省手形（council bill）を取り上げる。本論で詳述することになるが，インド省手形というのは1900年から20年代半ばまでイギリスとインドとの間で成立していた決済システムである。

このインド省手形の存在は当時の世界経済にとって2つの大きな意味を持つ。第1次世界大戦までにイギリスの資本が絶えず輸出されたことは世界経済の安定的成長の原動力となったが，この背景にはインドとの円滑な貿易を可能にしたインド省手形の決済システムがあった。もうひとつは，このシステムを通じて日本などの他の金本位制国がインドへアクセスすることができ，世界の東西が結ばれていた。つまりインド省手形は世界のカネとモノの流れを可能にしたひとつのフォーマルなルートであった。この結びつきによって世界経済の先進地域と周辺地域をひとつの輪として繋ぐことができたのである。

インド省手形に関する研究は時期的に限定されるものではあるがケインズによって行われた[4]。ケインズはインド幣制の分析を通じ，インドにとって金為替本位制は理想的かつ文明的貨幣制度で，少なくとも理論上にはすべての国が求めるべき安定性のある制度だと説明したが，実はインドにおける完全な形態での金為替本位制を可能にしたのはこのインド省手形のメカニズムであった。つまり1900年からの金為替本位制の維持はこのインド省手形を媒介した決済システムの安定にかかわる問題であった。しかし，詳しくは後述するが，為替投機によって1918年にこのインド省手形売り出しを中止せざるを得ない事態を迎え，結局このシステムは崩壊することになる。

次節では，まずインドで金為替本位制が定着するまでの歴史的過程を概観

第6章 通貨システムの崩壊―インド省手形を事例として―

し，次に第3節ではインド省手形メカニズムを検討する。第4節では第1次世界大戦がきっかけとなりインド省手形に対する投機的買い求めが行われた過程とインド省手形売り出しを制限することによってそのメカニズムが停止することを議論する。そして第5節ではルピー銀貨枯渇の緩和過程を描き，続いて第6節ではこのシステムの崩壊が世界経済に与えた影響を貿易金融と信用システムという観点から検討する。最後に本論で行った議論と通貨システムと為替投機との関係をまとめる。

## 2 ルピー為替の安定と金為替本位制

　インド幣制を議論するとき，常に中心課題となるのはルピーの為替レートの問題である。というのは，為替レートの急激な変化によってインドの対内外経済関係に大きな影響を及ぼすことになったからである。当時銀を基準にして為替レートが変動する地域において，撹乱的な為替投機は為替レートの乱高下につながり，経済全般に数々の深刻な影響を与えた。1914年以前のスペイン，ギリシャおよびラテン・アメリカ諸国の経済状況がこれに当たる[5]。インドにとってもこの状況は同じであった。特にインドの19世紀後半の問題はルピー為替の下落であった。

　1835年までのインドにおいては，金と銀の間でフォーマルな交換レートがなく，地方によって金貨と銀貨が流通するいわゆる複数本位制のようなシステムであった。その後，1835年の法律によって初めてルピー銀貨が法貨とされ，銀本位制を採用することになった[6]。ところが，19世紀の銀価の大幅な下落はルピー為替の激しい動揺の原因となり，結局その対策として1890年から金為替本位制が定着する。これはインド省手形メカニズムのもとで機能するシステムであったが，第1次世界大戦期に崩壊し，結局1927年の貨幣法により金本位制を採用することになる。インドの長い通貨史の中で，20世紀と共に定着した金為替本位制はどの時代よりも安定をもたらしたシステムであったと評価される。金為替本位制を設けるようになったのは，実はルピー為替を安定させ

表6-1 銀価とルピー為替の推移

|  |  | 1871-72 | 1875-76 | 1879-80 | 1883-84 | 1887-88 | 1890-91 | 1892-93 |
|---|---|---|---|---|---|---|---|---|
| 銀価 (d.) | | 60.5 | 56.75 | 51.5 | 50.5 | 44.62 | 47.68 | 39 |
| 為替レート | s. | 1. | 1 | 1 | 1 | 1 | 1 | 1 |
| | d. | 11.125 | 9.625 | 8 | 7.5 | 4.875 | 6.125 | 3 |

出所：Dadachanji, B. E. (1931), *History of Indian Currency and Exchange*, Bombay: D. B. Taraporevala Sons. p. 15.

るためであった。

　表6-1の示すように、1870年代に入ってから銀価は下落し始め、1871-72年平均は1オンス当たり60.5d.、1879-80年は51.5d.、1892-93年は39d.まで下落し続けた。銀価の値下がりと同じようにルピー安も進行していた。

　この間、インド貿易は赤字に陥り[7]、その決済に毎年金を輸出することになった。当時の法律は銀貨の自由鋳造を禁止していたために、通貨が収縮するという新たな問題が現れた。それで1898年4月にインド政府は、通貨収縮問題の解決と妥当な為替レートと判断した1s.4d.を維持するために、また長期的に金本位制へ移行するためにその準備として2千万ルピーを超過しない範囲でイギリスから金貨を借りることを主な内容とした改革案を提案した[8]。

　これを受けたイギリスのインド大臣は1898年4月にファウラー（Fowler Committee）を委員長とする委員会を任命してこの問題を検討するようにしたが、委員会はこの提案を拒否し、次のような内容で直ちに金本位制を採用することをインド政府に勧告した。勧告の内容は、①インド国内でソヴリン金貨を無制限法貨とすると共に金貨を自由に鋳造する、②ルピー銀貨の金貨への兌換を継続すると同時に新ルピー銀貨は金貨の流通が半分以上になるまでは鋳造しない、③ルピー銀貨を鋳造するときの利益は特別準備（金本位準備）として金地金で保管する、④国庫に充分な金が準備されたときは金貨のみの流通を実施する、⑤ルピー為替は1ルピー当たり1s.4d.とする、などである[9]。ファウラー委員会によるこの勧告はインド政府にそのまま受け入れられた。インドは1899年の貨幣法によって金本位制を採用することとなった。

| 第6章 | 通貨システムの崩壊—インド省手形を事例として—

ところが，インドで金貨を鋳造するためには，王立造幣局の認可を必要としたことと，またイギリスの大蔵省がインドの金貨造幣局設立に反対したことが問題となった。ついにインド政府は金貨の鋳造計画を放棄したが，これによってインドでの金貨は以前から流通していた比較的に高額金貨であるソヴリンと半ソヴリンが中心となった。したがって1899年の法律の下で通貨収縮を緩和するためにインド政府が選択できる手段は，この高額金貨と紙幣使用を奨励することであった。しかしながら，金貨の場合はあまりにも高額であったために一般取引には使われなかったし，また紙幣に対しては伝統的に不信があったために，逆に金貨と紙幣のルピー銀貨への兌換請求が殺到し，ルピー銀貨がさらに不足する事態を招くことになった。

インド政府はこのような問題を解決するために幾つかの政策を変更した。まず貨幣が不足するという問題の対策として1900年から再びルピー銀貨を鋳造した。ルピー銀貨の鋳造利益は1899年の法律によって金本位制の準備金として保管されることになっていた。しかし当時イギリス当局はこれをロンドンで保管して再投資することと，ルピー為替が1s. 4d.より高いときにはインド省手形を無制限的に発売することを決定し，これが金をロンドンで保管して為替を維持する政策，つまり金為替本位制の骨格となった[10]。こうして成立した金為替本位制は1901年以後，1913年にチェンバレン委員会（Chamberlain Commission）[11]において正式に金為替本位制を決定する以前から，インド省手形のメカニズムを軸として定着することとなったのである。

## 3 | インド省手形のメカニズム

インドにおいて金為替本位制が正式に決まったのは1913年のチェンバレン委員会の決定によるが，為替レートの安定のためにひとつ特別な内容が含まれた。それは逆インド省手形に関する内容である。為替レートが下落するときは，1s. 3d. 29／32のレートでの逆インド省手形の売り出しをインド政府に義務付けることであった。これによってインド省手形メカニズムを通じた金為替

図6-1 インド省手形による決済の流れ

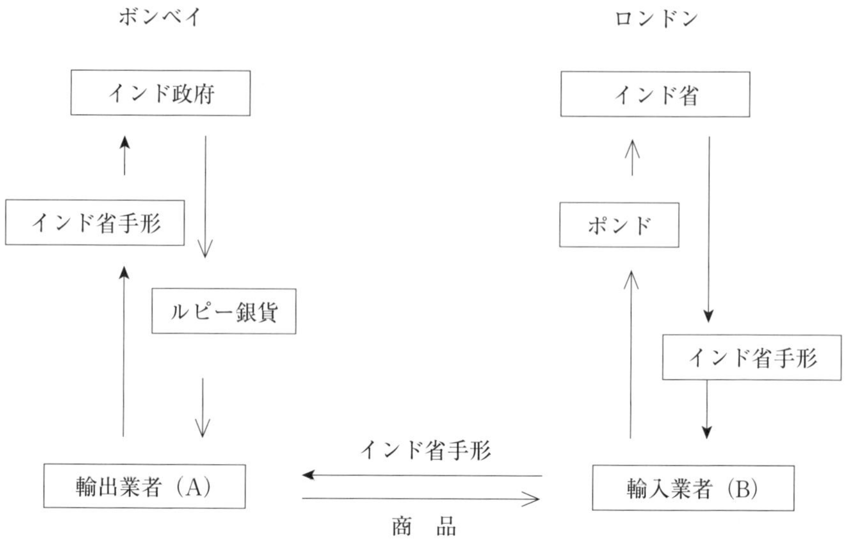

```
      ボンベイ                          ロンドン

   ┌─────────┐                      ┌─────────┐
   │ インド政府 │                      │ インド省  │
   └─────────┘                      └─────────┘
      ↑    │                            ↑
      │    │                            ⇑
 ┌─────────┐                        ┌─────────┐
 │インド省手形│                        │  ポンド  │
 └─────────┘                        └─────────┘
      │                                  ↑
      │                                  │
   ┌─────────┐                       ┌─────────┐
   │ ルピー銀貨│                       │インド省手形│
   └─────────┘                       └─────────┘
      │                                  │
      ↓                                  ↓
 ┌─────────┐   ←── インド省手形 ──  ┌─────────┐
 │輸出業者(A)│                       │輸入業者(B)│
 └─────────┘   ──── 商  品 ───→    └─────────┘
```

本位制の完全な形が整えられた。まずインド省手形を検討する。

イギリスの輸入業者（A）がインドの輸出業者（B）に対する支払い義務が発生した場合，Aはロンドンのインド省（Government of India Treasury）からインド省手形を購入し，それをBに送付することによって決済を行う。このとき，Aによるインド省手形の購入代金はポンドによって支払われる。このインド省手形を受け取ったインドのBは，これをインド政府に出してルピーを受け取るのである。この過程を経て決済は完了することになるが，図6-1はこの流れを単純化したものである。すなわちルピーとポンドはインド省手形を媒介して繋がっており，したがってルピーが必要な場合はインド省手形を購入するメカニズムである。

図6-1の示すように，インド省手形は基本的には貿易決済を円滑に進めるためのものでもあったが，実は次節で検討する本国費の支払いとルピー為替の安定というより重要な目的のために設けられた装置であった。つまりルピー為

# 第6章 通貨システムの崩壊―インド省手形を事例として―

替が最高 1s. 4d. 1/8 以上になる場合は、インド省は 1s. 4d. 1/8 の価格でインド省手形を無制限に発売し、ルピー安を誘導する。つまりインド省手形を無制限に発売することはインドにおけるルピー流通を高めることになる。貨幣流通高が増加することはルピー価値を下げることになり、結局ルピー為替は下落する[12]。

ところが、このインド省手形の売り出しが為替レートの安定に中軸的役割を演じるためには、ロンドンにおけるインド省手形の制限なき売り出しが可能かどうかという問題より、インド政府がインド省手形の兌換請求に対して無制限的に応じることができるかどうかの問題であった。結果的にこれを前提としていることがこのシステムの大きな盲点となった。

インド省手形の売り出しはルピー高を阻止するための安全装置であったが、チェンバレン委員会はルピー安に対するもうひとつの安全措置として逆インド省手形システムも勧告した。

逆インド省手形のメカニズムは、図6-2で見られるように、インドの輸入業者（A）がイギリス輸出業者（B）に支払いを行う場合である。つまりAはインド政府からルピー銀貨のかわりに逆インド省手形を買い、それをBに送付することになるが、これを受け取ったBはロンドンのインド省から逆インド省手形の代わりにポンドを受け取るというメカニズムである。インド省手形と同じく、この逆インド省手形も為替レートを安定させる仕組みであった。つまりルピー為替が 1s. 3d. 29/32 以下まで下落した場合、インド政府は 1s. 3d. 29/32 の価格で逆インド省手形を無制限的に売り出すので、それ以上の下落を食い止めることができる。

インド省手形と逆インド省手形を軸とした金為替本位制が成立したから、ルピーの為替レートは最高 1s. 4d. 1/8 と最低 1s. 3d. 29/32 のあいだで維持された。この理由は、先にも触れたように、インド省手形が 1s. 4d. 1/8 の価格で無制限に販売されるから為替の最高点は 1s. 4d. 1/8 以上に上がることなく、また逆インド省手形が 1s. 3d. 29/32 で売り出されるからそれ以下に下がらない。その上にもうひとつの装置として、ソヴリン金貨が15ルピーで制限なく

## 図6-2 逆インド省手形による決済の流れ

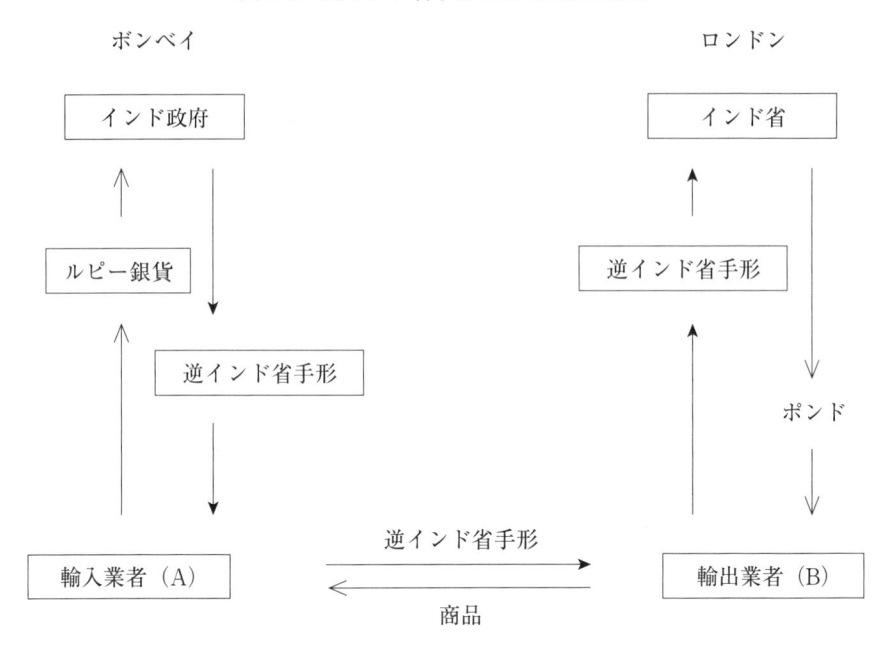

兌換されるから，ルピー為替が 1s. 4d. 1/8 以上になる場合はない。何故ならば，ルピー為替が 1s. 4d. 1/8 以上の場合は，ロンドンの金が直ちにインドに移動するからである[13]。しかしこのような安全装置も為替投機という攻撃の前では無力であった。

インド省手形を売り出すというのはそれだけのルピー銀貨の流出を前提するものであり，逆インド省手形の売り出しはイギリスにおけるインドのポンド資産の減少を前提するものである。このことからインド省手形の売り出しはインドにおいて金融緩和政策の効果をもち，逆インド省手形の売り出しは金融引き締め政策の効果が現われる。このシステムは，現代の制度に比較してみても劣らないほど金融政策と為替政策を同時に管理できる，ケインズの言葉を借りる必要もなく，優れたシステムである。

ところが，自由放任主義的な考えではこのシステムを維持することは難しか

第6章 通貨システムの崩壊—インド省手形を事例として—

った。つまり為替投機ということは想定外であった。1910年代の世界では為替投機を予想する理論はなかったかもしれないが，19世紀においても銀投機は多く経験してきた。当時の文献を検討すると，予想し得なかった事態であったと記述しているが，このことは現代の経済現象を分析している研究においてもよく見られるセリフである。つまり投機は起こるかもしれない現象ではなく，経済界に常に内在するものなのである。インド省手形を軸としたシステムも結局為替を安定させることには成功しなかったが，それは理論的に貨幣価値が需給調節によって統制されるだろうという仮定に立っているだけではなく[14]，決定的な要因となるのは銀地金ならびにルピー銀貨への投機である。次はこの投機過程を詳しく取り上げる。

## 4 インド省手形売り出し制限と為替投機

金為替本位制を維持するためにひとつの前提となったのは，インド省手形または逆インド省手形を最高 1s. 4d. 1/8 から最低 1s. 3d. 29/32 の価格で売り出しを続けることであった。しかしインド省手形は1916年12月に入ってから売り出し制限という局面を迎えた。実はこの制限措置の前にも，つまり1916年10月に至ってからインド省手形に対する購入申し込みは急増し，10月7日に299.5ラク（1ラク = 10万ルピー），翌週は366ラク，11月には550ラク前後，12月には600ラクを越えることになった。この申し込みに対しての販売は，わずか10％にすぎなかった[15]。

インド省は，このインド省手形の需要激増に対して，表6-2に示されているように，その最初の制限を1916年12月13日の売り出しから実施した。つまり以前の売り出し最低価格であった至急電信為替の 1s. 4d. 5/32 と普通為替の 1s. 4d. 1/8 から，至急電信為替の需要を抑えるために[16]，至急電信為替の価格を引き上げ，1s. 4d. 7/32 とした。引き続き1917年12月20日の売り出しからは中間物[17]の売り出し停止，翌年1月10日には申し込み者制限，ついに1918年10月19日には売り出し完全停止まで至った。表6-2の示すインド省

127

手形売り出し制限は，販売価格の引き上げと販売量（額）の縮小という2つの内容を含んでいる。つまり販売価格の引き上げは銀価上昇に対する対策であり，販売量縮小という措置はルピー銀貨枯渇を防ぐ，つまりインド政府がインド省手形の代わりに提供すべきルピー銀貨を節約するための対策である。

まず，インド省手形売り出し価格の引き上げ措置の状況からみよう。銀価が上がっていく過程でのルピー銀貨鋳造は，インドにとってルピー銀貨鋳造利益が減少することになる。例えば，銀価が1オンスにつき24ペンス台であるときのルピー銀貨鋳造利益は銀価が32ペンス台である時より多い[18]。とりわけ，ルピー銀貨の溶解点（melting point）以上まで銀価が上昇したときに，ルピー銀貨を鋳造することはそれだけ損の累積する結果となる。インド省は，銀価が上昇するにつれて，1918年4月20日には1s. 5d. 29/32に，1919年5月13日には1s. 7d. 15/16に，それから銀価が1オンスにつき76ペンス台まで上昇した1919年11月22日には2s. 2d. に[19]，次々とインド省手形の売り出し価格を引き上げた。しかしながら，結局売り出し価格の引き上げ措置はインド省手形への需要を抑え切れなかった。逆にその販売によってインドにおけるルピー銀貨が枯渇するという問題はより深刻化することになり，ここで売り出し額縮小措置が設けられた。

次に，売り出し額縮小措置である。表6-2をみると，1916年12月20日の中間物売り出し停止措置から1917年1月10日に申し込み者制限措置，それから同年8月1日の売り出し額の縮小措置が引き続いている。しかしこの間，インド省手形売り出し額は，1916-17年には32,998,095ポンド，1917-18年には34,880,682ポンドであった。この売り出し額は販売価格の引き上げを計算しても，売り出し制限措置以前の1913年4月から1916年3月までの3ヵ年の年平均売り出し額19,767,818ポンドを大きく上回る[20]。

要するに，同期間における売り出し額縮小措置は実際に効果がなかったのである。インド政府は銀価が上昇するにつれ販売価格は引き上げたが，この時期に販売量はより増やすことになった。インド省手形の販売を増やしたというのはそれだけルピー銀貨がインド政府から流出したことになる。結局インド政府

| 第6章 | 通貨システムの崩壊—インド省手形を事例として—

表6-2 インド省手形売り出し制限過程

| 年月日 | 売出額 | 売出価格 | | 割当率 | 備考 |
|---|---|---|---|---|---|
| | | 電信為替 | 普通為替 | | |
| 1916.12.13 | 50ラク | 1s. 4d. 7/32 | 1s. 4d. 1/8 | 8.7% | 電信為替と普通為替の差を3/32にした |
| 12.20 | 80ラク | | | 10% | 中間物の売出停止,一人当り最高割当額を10ラク以下にした |
| 12.27 | 120ラク | 1s. 4d. 5/32 | 1s. 4d. 1/8 | 6% | 一人当り最高割当額を15ラクにした |
| 1917. 1.10 | | 1s. 4d. 1/4 | 1s. 4d. 5/32 | 66% | 申込者制限（銀行5,商会3），売出価格値上げ |
| 8. 1 | 90ラク | | | 44% | 売出額縮小 |
| 8.29 | | 1s. 5d. | 1s. 5d. 29/32 | 46% | 売出価格値上げ |
| 11.21 | 60ラク | | | 28% | 売出額縮小 |
| 12.12 | 40ラク | | | 17% | 売出額縮小 |
| 1918. 4.20 | 60ラク | 1s. 6d. | 1s. 5d. 29/32 | 27% | 売出価格値上げ及び売出額拡大 |
| 10. 5 | 30ラク | | | 14% | 売出額縮小 |
| 10.19 | | | | | 売出停止 |
| 1919. 5. 6 | 60ラク | 1s. 6d. | 1s. 5d. 15/16 | 31% | 売出再開 |
| 5.13 | | 1s. 8d. | 1s. 7d. 15/16 | 29% | 売出価格値上げ |

出所：*The Economist-Weekly Commercial Times*, No. 3820-3951 による。
備考：インド省手形の売り出しは毎週水曜日であるが，前の週と変化のない場合の記録は省略した。
　　　1ラクは10万ルピーである。割当率は全申し込み額に対する売り出し額の比率である。

は1918年10月19日にはインド省手形売り出しを全面停止することになるが，この時期にはインド政府保有のルピー銀貨は殆ど底をついていた。一見不思議に思われるこのようなインド政府の行動には次のような理由がある。

つまりルピー為替を最高 1s. 4d. 1/8 最低 1s. 3d. 29/32 の間で維持することによって金為替本位制は機能する。このシステムを維持するために，すべてのルピー銀貨を動員し投機的需要を抑制する措置をとったが，このような政策は，1997年に為替レート下落を防ぐために自ら為替投機に参加したアジア各国の中央銀行の行動と似通っている。為替レートが切り上げられることと通貨システムを停止することとは全く別の問題であるが，この時期のインド政府は投機筋によるインド省手形需要に対して販売量を大幅に増やし，第5章で検討したように，結局1997年11月に韓国銀行が外貨準備をすべてなくしたことと同じように，ルピー銀貨の枯渇を招いたのである。

イギリスにとってインドが金為替本位制を維持するというメリットは金をロンドンに保管して為替を調節することである。ところが，インド省手形の売り出し量を縮小したり，インド省手形の販売を中止すると，ロンドンでの金がインドに移動してルピー銀貨への兌換を求めることとなる。金貨やインド省手形とルピー銀貨との兌換に応じることが義務付けられていたインドは，高い値段で銀を輸入してルピー銀貨を鋳造し，また兌換に応じるという悪循環を余儀なくされた。しかしこれも1918年10月には限界に達し，インド省手形の売り出しを全面停止せざるを得なかったのである。

インド省手形売り出し停止という事態を招いたルピー銀貨への投機は銀投機から始まったことである。1916年から異常に銀価が上昇して，以前の悩みとは反対の現象が生じた。戦争期の銀価は1914年上半期の平均1オンスにつき26ペンス前後の価格から，1915年9月までは22ペンス台の水準を維持していたが，1916年4月に最高34.1250ペンスを記録してから上がり始め，12月には平均価格が36.3568ペンスまで上昇し，ついに1917年8月にはルピー銀貨の溶解点である43d. 1/2を超えるようになった[21]。

この時期になぜ銀及びルピー銀貨に対する投機的需要が現れたのか。この要

| 第6章 | 通貨システムの崩壊―インド省手形を事例として―

因としては第1次世界大戦との関連で次のような説明がある。まずインドがイギリスの植民地であったことによるものである。つまりイギリスは第1次世界大戦を遂行するためにアジア・アフリカ・中近東において膨大な軍事費を支出しなければならなかったが，これをインドがルピー銀貨で支出していた。インドが1914年から1919年のあいだ，支払ったルピー銀貨はおよそ36億ルピーにも至った[22]。もうひとつ指摘されているのは銀自体の供給が不足していたことである。1913年の世界の銀生産高は約2.1億オンスであったが，戦争期間中になると，約1億7千万ないし1億8千万オンスに次第に減少したのである。これに伴うインドの銀輸出入も私勘定において1914-5年は2億ルピーの入超であったが，1916-17年には2千万ルピーの出超を記録した[23]。第1次世界大戦の勃発は銀需要を大きく増大させる環境として作用したことになった。

ところで，銀の急激な値上がりは開戦直後から始まったのではなく，先にも述べたように，1917年に入ってからである。つまり第1次世界大戦と銀の値上がりを直接的に結び付けるには時期的に若干ギャップが生じる。開戦による銀の需給関係から銀価が急騰したとするためには少なくとも銀価は1915年から上昇しなければならない。つまり焦点となるのはなぜ1917年になって銀の急激な値上がりが始まったのかということである。

結論を先取りすると，この時期に銀が値上がりしたのはアメリカの参戦が噂されることによってインドの国内外で銀投機が始まったためであった。アメリカは1917年4月に戦争に参加することになるが，補助通貨を鋳造するために，参戦と同時に多量の銀を購入するということが1916年12月に入ってから噂されていた[24]。つまりこのことをきっかけとして国際的銀投機が始まり，ついに安定的に銀を手にすることができるインド省手形への需要も大きく上昇したのである。

このような投機ブームはインド国内においても例外ではなかった。インドは以前から金属の退蔵，つまり民間によるルピー銀貨吸収が問題視されてきたが，この時期にはより深刻であった。1914年以前5年間の年平均ルピー銀貨

の民間吸収高は約8万ルピーであったが，1915-6年には1億4千万ルピー，1916-7年には3億3千万ルピーに増加している[25]。かつてケインズは普通の人々の近づきやすい金融市場の投機性について警告したことがあるが[26]，この時期のインドにおいては誰もがこの行動に走ったのである。

要するに，1916年10月からインド省手形への需要急騰という形で現れたルピー銀貨への需要急増は，直接的には世界的に展開していた銀投機によるものである。もちろんこれだけではなく，先にも触れたようにインドの代理戦費支出及び銀地金の限界といった問題も指摘できるが，これらの環境は銀投機現象を加速化させるものであった。この一連の派生的関係を整理すると，第1次世界大戦→アメリカの参戦→銀投機→ルピー銀貨への需要激増→ルピー銀貨枯渇→インド省手形売り出し制限という流れになる[27]。

## 5｜ルピー銀貨枯渇の緩和

インドにとって第1次世界大戦の大問題はルピー銀貨の枯渇であった。このルピー銀貨枯渇は直接的にインド国内外の銀投機による問題であったが，一方紙幣の増発によりその枯渇が加速化された側面もある。

戦争期に入ってからインドの紙幣流通高は，しばらく1913年水準に止まっていたが，1916年6月から増加し始め，1917年9月には10億ルピーを突破し，1919年12月にはついに18億ルピーまで増加した。実際に1916年9月から約1年間で3億ルピー，1918年9月から同期間で約5億ルピーの空前の流通高を記録した[28]。なぜこの時期にこれだけの紙幣増発があったのか。この直接的要因としては銀価騰貴があげられる。つまり銀価があがっていくと，当然ながらルピー銀貨への需要を引き起こす。インド当局がこの需要に応じるためには銀地金の無制限供給を条件とする。したがってインド当局はルピー銀貨への需要を抑えるために，また不足するルピー銀貨を補うために，やむを得ず紙幣を発行し続けなければならなかった[29]。

更に銀価がルピー銀貨の溶解点を超えた1917年8月からは，インド当局に

# 第6章 通貨システムの崩壊—インド省手形を事例として—

とって銀地金を購入してルピー銀貨を鋳造するのは絶対損失を強要することになるために紙幣発行を増加せざるを得なかった。ところで、ルピー紙幣が多く発行されたとしても、インド国内でルピー紙幣が決済手段として流通すれば、直接ルピー銀貨が枯渇する問題は発生しない。この時期に問題となったのは銀貨の大幅な上昇によってルピー銀貨が投機の対象となり、紙幣の兌換請求が殺到したことであった。

1910年当時に、紙幣を発行した当局は金属貨幣への兌換請求に応じるように義務付けられていた。しかし、大戦と共に一気に金貨への兌換請求が上昇し、インド政府は1914年8月に金貨への兌換を禁止した。その結果、紙幣の兌換請求はルピー銀貨に集中することになったのである[30]。兌換されたルピー銀貨が民間から造幣局に戻り、再びルピー銀貨を鋳造するといった銀の循環があったならば、紙幣の兌換請求によってルピー銀貨が枯渇する問題は発生しない。しかし兌換されたルピー銀貨はすべて民間に吸収されてしまった。したがって紙幣を発行しなければならない状況から紙幣を発行すればするほどルピー銀貨への兌換請求はより多くなり、さらに混乱が増していく悪循環の状態であった。

インドの通貨当局は、このような兌換請求に応じるために、金を販売して銀を買い入れる方法で民間からの銀購入に全力をあげた。この時期に実施した銀購入は、1915-16年は8,636,000オンス、1916-17年は124,535,000オンス、1917-18年は70,923,000オンス、合計204,094,000オンスに上る[31]。さらに政府勘定で銀を輸入し、1916年までは兌換請求に応じることができたが、以後兌換には一定の制限が加えられた。つまり一日に兌換に応じるべき額を決め、兌換請求者に対し割当制を導入したのがそれである[32]。

このような措置にもかかわらず、銀価がルピー銀貨の溶解点を超えた1917年8月からは問題がもっと悪化した。つまり銀地金供給の限界がないとしても、ルピー銀貨の溶解点を越えた銀価でのルピー銀貨鋳造は困難であるため、紙幣発行の銀準備が減っていく一方であった。1918年に入ってからこの問題は更に深刻化し、ついにインドにおける紙幣制度の根幹、つまり制限がありな

がらも存在してきた紙幣の兌換保障が脅かされるようになった。ここでイギリスが選択できる方策は2つしかなかった。つまり金為替本位制を維持するために設けられた諸法律を撤廃するか[33]，それとも必要な銀地金を供給して紙幣の流通を維持すると共にルピー銀貨への兌換に応じるか，である。結局イギリスが選んだのは後者であった。すなわちこの問題を解決するために，アメリカでピットマン条例（Pittman Act）が準備されたのである[34]。

ピットマン条例の立案以前にも，つまり1917年11月にイギリスとアメリカは共同で，1918年中にアメリカとメキシコの全生産量に相当する1億オンスの銀を購入する協定を結んだが，生産者側とイギリスの間で輸入価格が合意されず，結局アメリカ国庫に銀券発行準備として保管していたドル銀貨に着目することとなった[35]。1918年4月に成立したピットマン条例によってアメリカがインドに輸出した銀は2億1339万3千オンス，またこの時期にインド政府による民間市場からの銀購入は1億2051万8千オンスに達し，合計3億3391万1千オンスを紙幣の兌換請求の準備金にまわして金為替本位制の維持に努めた[36]。

紙幣流通高に対する銀準備高をみると，1915年9月までには大体50％前後の高い準備率を記録しているが，逆に9月以後急激に減り，1918年3月にはその準備率が約10％まで下がった[37]。その後，1918年3月を最低点にして緩やかに回復している。1918年3月以後銀準備高が上昇していたのは，言うまでもなく，ピットマン条例によってアメリカから多量の銀を輸入することができたからである。

それでは，第1次世界大戦と共に発生したルピー銀貨枯渇の問題は，いつ緩和されたと見るべきであろうか。ルピー銀貨枯渇というのは，言葉を変えると，紙幣の兌換要求に応じることが難しいことであり，またインド省手形の販売を困難にすることを意味する。インド省手形売り出しに対するすべての制限が撤廃されたのは1919年9月であった。その後，紙幣の兌換請求は，ルピー銀貨需要期[38]の特別な時期を例外とすれば，大きな混乱はなかった。インド当局は，1920年に入って，混乱を避けるために実施していた銀に対する諸法

第6章 通貨システムの崩壊—インド省手形を事例として—

律を撤廃し、ルピー銀貨の問題が解決されたことを明らかにした。

## 6 投機によるシステム崩壊と世界経済への影響

　1919年9月からはインド省手形の売り出し制限もなくなり、また1920年に入ってからは銀に対する諸法律も撤廃され、銀投機により始まったインドの当面の混乱は解消された。しかし、アメリカのピットマン条例によって1919年からこの問題が解決されたとしても、インド省手形システムの崩壊によって惹起した世界経済の諸問題までが原点に戻ったわけではない。この問題を議論するためにはインド省手形の世界経済においての位置付けから始めなければならない。

　当時世界経済においてインド省手形システムは2つの大きな意味を持つ。ひとつは国際通貨システムを維持するチャンネルであり、もうひとつはアジアとヨーロッパをつなぐ貿易金融の柱であったことである。つまりインド省手形は当時世界の信用網の動脈であったのである。まず貿易金融の問題である。

　この時期のアジア貿易は、「アジア各地の国内金融と貿易金融は植民地銀行の活動を媒介として、このインド省手形のメカニズムに全面的に依拠するものであった」[39] という指摘のように、このインド省手形システムによって世界各国は結ばれていた。つまり当時の中国、日本、東南アジアなどのアジア諸国はインド省がロンドンで発行したこのインド省手形を通じてインドとヨーロッパにアクセスすることができたのである。これらの国のうち、インド省手形が特に大きな意味を持ったのは日本においてであった。

　日本は1897年の貨幣法によって金本位制を採用することになったが、このことは銀を本位とする国との貿易関係において多角的決済を行うことを前提とするものであった。日本とインドの貿易は常に日本の入超構造であったため、これを決済するにはインドに銀を現送することになるが、毎年これを続けることは現実的に無理である。このことから当時日本は、貿易入超を決済するためにロンドンでインド省手形を買い入れ、これをインドに送ることを通じて決済

を済ませた。

　当然ながらインド省手形売り出し制限や売り出し停止といった事態はこの決済関係を切断することになり，同時にこれは貿易金融の破綻を意味する。当時日本の基幹産業であった綿業は棉花を輸入し綿糸を輸出する構造であった。棉花の輸入は主にインドに依存していたが，インド省手形の売り出し制限は日本のこの産業構造を根底から揺るがせるものであったし，その後日本は産業構造改革を余儀なくされた。この問題は第7章を通じて詳しく検討する。またインド省手形売り出し制限の余波は日本だけに止まらず，当時日本の支配下に置かれていた朝鮮においても大きな影響を及ぼした。これは主に朝鮮総督府の経済政策という形であらわれたが，この問題は第8章のテーマである。

　未来に対する予測に基づいて現在の経済的選択は行われると考えた場合，一時的であれこのような決済システムが断絶されたことは，日本にとっては産業政策の方向を転換する契機となったし，朝鮮においては現実を勘案してない政策を展開したことにより激しい抵抗を経験するようになったのである。1919年9月からインド省手形売り出し制限問題はなくなったが，とはいえ上記に触れたような日本と朝鮮において現われた新しい状況までが元に戻ることはなかった。

　次に国際通貨システムの側面からインド省手形システムの崩壊による影響を検討する。国際金融史を扱うテキストに共通する内容のうちひとつは，1914年までは非常に安定的なシステムが保たれていたことである。この時期における国際金本位制が果たした役割が高く評価されている。しかし当時世界が安定していたとするならば，これは金本位制のみがその役割を演じたのではなく，国際通貨システムのもう一方の軸として既に編入されていた金為替本位制の果たした役割も大きかったはずである。この時代に関する多くの研究において欠いているのはまさにこの視点であると言えよう。

　第1次世界大戦に入ってからイギリスが抱えていた金融問題のうち，より重要かつ緊急的な懸案であったのは為替管理に関するものであった。それでイギリス政府は1915年11月18日にロンドン為替委員会(London Exchange Committee)

| 第6章 | 通貨システムの崩壊―インド省手形を事例として―

を任命したが，この委員会には金の運用を含む為替に関するすべての権限が委ねられた。この委員会の果たした役割の中で特に評価されるのは1916年から1919年3月に政府が政策を変更するまで為替を一貫して4.76ドルに固定したことである[40]。つまりこの委員会の華々しい活躍によってイギリスは戦争期を通じ安定的な為替レートを維持することができたのである。

　ところで，イギリス政府がアメリカに政治的交渉を求めて為替レートを針付けた理由はなぜだろうか。最も一般的な理解は，アメリカからの軍需品購入のための資金調達をより安定的かつ組織的に行う必要があった，ということである。つまりポンド安が進行することになればイギリスにとって当然ながら負担が重くなる[41]。ところがイギリスにとってポンド為替の乱高下はアメリカとの関係のみに弊害を与えるものではなかった。つまりドルとポンド為替レートの変動は直ちにルピー為替に影響を及ぼし，その問題が直ちにイギリスに跳ね返ってくる構造であった。

　戦争期にロンドン金市場におけるポンド換算の金価は基本的にポンドの為替レートに依存する。つまりポンド安になればロンドンでの金価はそれだけ上がり，ポンド高になるとその逆である[42]。ルピー為替もこれに影響される。つまりポンド安方向に転じれば銀価は上昇することになり，結局ルピー高につながる。この時期にイギリスにとってポンド為替が安くなることによる最も深刻な問題は，アメリカからの軍需品購入に以前よりたくさんのお金がかかるといった問題のみならず，銀価が上昇して結局ルピー高に繋がり，1s. 4d. というレートを軸としたインド省手形システムが維持できなくなる不安であった。つまり1916年からイギリスが対ドル為替レートを固定したのは他ではなく銀価の上昇を押さえるためであったのである[43]。

　銀価の上昇は，直ちにルピー銀貨への需要を呼び起こし，ルピー高につながる。これはインド省手形メカニズムを柱とする金為替本位制と金本位制とがひとつのシステムとして機能する国際信用システムを脅かすものであった。当時イギリスの金融政策は戦前確立したこのシステムをいかに維持するかに重点を置いており，これは大戦後の金融政策においても一貫して追求したものであっ

た。

　しかし，先に触れたように，1917年からの銀投機はポンド為替の固定によってコントロールできる範囲をはるかに超えていた。1918年に入ってからイギリスにとって選択できる道はこのシステムを放棄するか，それとも銀投機を押さえるほどの銀地金をインドに供給するかであった。結局イギリスが選択したのはピットマン条例を通じてアメリカからインドに膨大な量の銀を供給することであった。

　1920年代を通じて，ケインズはカンリフ委員会の報告を主な攻撃対象としたが，しかし戦争期にイギリスの金融政策を任されていた人も，またロンドン為替委員会の議長を勤めた人もこのカンリフであった[44]。また大戦後に最初に開かれた国際会議のブリュッセル会議においてもカンリフ委員会の報告を支持した。つまりイギリスを始めとした世界はできるだけ早く戦前の安定したシステムを回復することであったが，それがようやく実現できたのは1925年になってからである。

　金本位制への復帰がそれだけ遅れた理由について，学界の統一的見解は示されてないにしても，ひとつはっきりしているのはポンド為替の問題である。つまりイングランド銀行はカンリフ委員会の報告に基づいてできるだけ速やかに金本位制に復帰する予定であったが，しかし4.86ドルの旧平価以外のレートによる金本位制への復帰は決して考えなかったのである[45]。為替レートが旧平価に回復できなかった背景としては戦争期政府支出が膨張したことおよび物価が上昇したことなどが指摘される。しかしその背景としてインドとの関連性を排除することはもちろんできない。

　イギリスにとって金本位制に復帰するということの意味はインド省手形システムを含む大戦以前の国際信用システムを回復することを意味する。1919年にルピー銀貨枯渇問題が緩和されたのち，インド通貨システムの再建のために任命されたのがバビントン・スミス委員会（Babington Smith）である。この委員会が1920年2月に出した勧告に基づいてインドは新しく通貨制度を整備することになるが[46]，その主要内容は為替レートを1ソヴリン当たり10ルピー

| 第6章 | 通貨システムの崩壊―インド省手形を事例として―

に固定することと,為替がルピーの金価値以下になった場合は逆インド省手形を販売し為替を維持することであった。つまり10ルピーを1ソヴリンに固定したことにより1ルピーは純金11.30016グレーンの価値を有する。ルピーをスターリングではなくソヴリンにリンクさせたのは,逆インド省手形の売り出し価格が完全にポンド為替レートの変動によって決まることを意味する[47]。

10ルピーを1ソヴリンにリンクさせたのは当時ルピー為替が2s.以上の水準であったためであった。問題はなぜスターリングではなくソヴリン(金)にリンクさせたのかということである。このことについてケインズはスターリングの価値が安定していないからだと言及している。またルピーの価値を金にリンクし安定させる必要性についてケインズは別の理由を与えているが,実はルピーの価値を安定させるのはインド省手形システムを再建する条件であったのである。先にも触れたように,イギリスが金本位制に復帰するという意味は,イギリスだけが金本位制に復帰することを目指すものではなく,戦前の国際通貨システムを再建することを意味する。その一環としてまず進められたのが,インドの通貨制度の再建であり,インド省手形システムを正常化することであったと把握すれば,ルピーの価値をスターリングではなく金にリンクした理由を理解することはそれほど難しい問題ではない。

ところで,1ルピーに純金11.30016グレーンという価値が与えられたことと,ルピー為替レートがこの水準(2s.)を維持することとは別個の問題である。もちろん当時においてはこの両者は同じことであった。つまり当時のルピー為替は,1917年からの銀投機によって価格が上昇し,1ルピーに純金11.30016グレーンに当たる価値,すなわちソヴリンの2s.に当たるレートまで上昇していた。したがって当時においてはこの両者は同じことであったのである。

つまりこのシステムは,インド省手形システムを通じインドまたはイギリスのインド省から10ルピーの代わりに1ソヴリンを,あるいは1ソヴリンの代わりに10ルピーをそれぞれ要求することができ,ルピー為替もその水準で決定されるということである。しかしルピー為替は基本的に銀価の変動によって影響されるため,ルピー為替がソヴリンの2s.という水準を維持するためには

金と銀の価格連動を条件とする。例えば，当時のルピー為替レートが銀価の急激な上昇によって高くなった場合は，金銀価の差額を狙ってロンドンでインド省手形が売られることになり，逆に銀価が急激に下がりルピー為替レートが安くなった場合は，その差額が狙われてインドで逆インド省手形が売られるようになる。この事態を招くことは再びインド省手形システムが停止することを意味する。バビントン・スミス委員会において1919年末の段階でこのような可能性は議論から排除された。つまり銀価は充分高すぎるほど値上がりしたし，さらに当時の銀生産量からしても銀価が急に下落する可能性は決してなく，特に戦争という異常事態が終わった以上，1917年のような投機的需要が起こることはないと考えたであろう。

　バビントン・スミス委員会の唯一のインド人であったダラル（Dadiba Merwanji Dalal）は委員会がまとめた報告書に署名することを拒否した。彼の意見の主な内容は，1ルピー価値を金2s.とせず，大戦前のように43d. 1/2とし，最高1s. 4d. 1/8の価格でインド省手形を，最低1s. 3d. 29/32の価格で逆インド省手形を無制限販売すること，銀価が上昇している間はルピー銀貨の銀含有量を減らして対応すること，銀輸出入を自由化すること，などであった[48]。現在における彼の見解を再検討する価値は，当時の銀価の変動または銀価が高騰しているのは人為的操作によるものである，という考えを示した点にある。したがって，銀価は暴落する恐れがあり，それに対応するためにもルピー為替を43d. 1/2とすべきだと主張したのである。彼の予想は6ヵ月後に現実のものとなった。

　1920年2月からバビントン・スミス委員会の勧告したこの新しいシステムはさっそく機能し始めて逆インド省手形の売り出し価格はドルの為替レート，つまり金の価格によって決められた。2月5日には2s. 8. 9375d.，4月には2s4. 8125d. という価格で逆インド省手形が売られたが，一方この時期から銀価は下落し始め，ルピー為替レートは下がり始めた。同年6月末にはルピー為替レートがついに2s.を切ってしまったが，インド政府はこの事態を前にして逆インド省手形を1s. 11. 59375d. という固定価格で無制限に売り出すことを決め

# 第6章 通貨システムの崩壊―インド省手形を事例として―

た[49]。

　この措置は1917年と反対方向での投機を呼び起こした。つまり1917年の投機はインド省手形の安いレートを利用してルピー銀貨を手にしようとした投機であったが、1920年6月からの投機はイギリスでソヴリンを手にしようとした投機である。市場レートはすでに1ソヴリン当たり15ルピーにまで下がっているときに逆インド省手形を利用すれば10ルピーで1ソヴリンを手にすることができた。この利益を求めて6月から逆インド省手形に対する投機的需要が殺到し、結局インドは1920年9月に逆インド省手形の販売を中止すると共に為替管理を放棄することとなったのである。この間、つまり1920年2月から9月まで売出された逆インド省手形は£55,382,000に至った[50]。

　インド政府の6月の決定は、言うまでもなく1ルピー当たり2s.という為替レートを維持し、当時の為替システムを戦前に回復するためであった。この為替レートを維持することはポンドの対ドル為替を維持することにもつながる。つまりポンドの対ドル為替レートは金価の変化に影響を受けていたが、ルピーを金にリンクさせると同時に、イギリスが安定した水準（2s.）でルピー為替を維持すれば、少なくともポンド安は防止できることになる。

　これが成功できればインドとの通貨システムも回復しながらイギリスの金本位制への復帰の条件、ポンド為替レートの戦前水準を回復するための基盤を整えることになる。戦前の通貨システムに復帰しようとしたこの1920年の試みを潰したのは、1917年に銀投機がインド省手形システムを切断したことと同じように、言うまでもなく為替銀行が主導した逆インド省手形への投機であったのである[51]。

　つまり1917年からの銀価の上昇に伴い大量のシティ資金がインド省手形の購入を通じインドに流れ込んでいた。この資金がインドに送金されたときは、もちろんルピー為替が43d.1/2より高いときである。1ルピーが金2s.に定められて一段とルピー高となったときが、インドに流れ込んでいたこのシティ資金にとって、ルピーから金へと姿を変える絶妙の機会であった。1918年から1920年に至る時期に以上のように国際通貨システムの混乱を招いたのは、戦

141

争でもなければ，金属の需給関係でもなく，国際的資金による為替投機である。またこれを回復しようとした試みも同じく為替投機によって潰されることとなった。

　金為替本位制を再建し再び破綻したことがインド経済に与えた影響は実に大きいものであった。特に，ルピーの名目レートと銀価の下落によるルピーの実質レートとの乖離はインドから資金の絶え間ない流出を誘う要因となり，こうした資金の流出は通貨縮小を招き，戦後不況をいっそう深刻化させた。やがてインドは1925年ヒルトン・ヤング委員会（Hilton Young Commission）を任命して幣制から銀を切り離す。

## 7│結　び

　本論を通じて我々は，主に金為替本位制が維持できなくなったその背景を探ってきた。インドの金為替本位制はインド省手形メカニズムが円滑に機能することを前提としたシステムであったが，ケインズがそれほど強調した優れたシステムであったにもかかわらず，長く維持することはできなかった。これについて一般的に与えられている説明は1910年代の異常事態である。つまり戦争という普通考えられない環境のもとで銀価の乱高下が生じ結局これに振り回されたということである。

　これに対して我々は通貨システムが崩壊する過程において投機の関連性という視点を提示した。事例として取り上げたインド省手形の場合は，為替投機によってシステムを運用することが不可能になった典型的なケースである。投機という現象に対して現代の経済学は例外として取り扱う。普通投機を予測するのは不可能であると言われるが，投機は予測するものではなく，常に経済界に内在しているものである。

注
1）この議論は，それぞれTriffin（1960），MaKinnon（1993）を参照されたい。
2）国際協調体制により金本位制はうまく機能したが，イギリス中心の協調であったのか，

| 第6章 | 通貨システムの崩壊—インド省手形を事例として—

多国間の信頼に基づいた協調であったのかについては，意見が別れる。詳しくは，Eichengreen (1992)，第2章を参照されたい。
3) Bell, 訳 p. 16。
4) Keynes, 1971a. これ以外に Dadachanji (1931)，本山美彦 (1986)，岩本武和 (1992) の研究があげられる。
5) Bloomfield, 訳 pp. 175-176。
6) Dadachanji, p. 5.
7) 一般的に為替レートが下落すると輸出貿易が増加するとするが，当時インドの場合は資金不足による植民地銀行の貿易金融の著しい減少によって貿易量が激減する結果となった（本山，1987，p. 92）。
8) Dadachanji, pp. 46-51.
9) Ibid., p. 65.
10) 金為替本位制はファウラー委員会の勧告による貨幣法とその後の修正措置によって成立することになったが，ファウラー委員会のメンバーであるリンゼイ (A. M. Lindsay) は当初金為替本位制と同じシステムを提案した。しかしファウラー委員会は金が流通しない金本位制はありえないという理由でこの案を否決したが，結局リンゼイ案が定着することとなった (Dadachanji, pp. 71-76)。
11) チェンバレン委員会は，チェンバレン (Austen Chamberlain) を委員長とし1913年4月に任命され，1914年2月に勧告の報告書を出した委員会のことである。この委員会の特徴はインドの貨幣システムとして金為替本位制を正式に定めたことである (Dadachanji, pp. 88-96)。
12) Dadachanji, Introduction (XXX).
13) Keynes, 1971a, 訳 pp. 79-81。
14) Spalding, p. 7.
15) 大蔵省理財局，1929，p. 39。
16) インド省手形は普通為替と至急電信為替がある。この関係は割り当てられたインド省手形をインドへ郵便で送るか，電信で送るかの差異である。この両者に対する需要の差異はインド国内利子率によるという (Keynes, 1971a, pp. 78-79)。しかし，銀価上昇が続いた1916年下半期からの至急電信為替へ需要が集中したのは利子率の要因より銀価急騰に伴う投機的現象であった。
17) インド省手形は毎週木曜日に発売されたが，水曜日以外に発売される手形を中間物という。一般的にこの中間物（特別物ともいう）の売り出し量が多かった。
18) 銀価が1オンスにつき24ペンスのとき，1ルピー銀貨の鋳造費用は約9.181ペンス，32ペンスのときは12.241ペンスであるという (Keynes, 1971a, 訳 p. 28)。したがって，銀価が1オンスにつき24ペンスのときのルピー銀貨鋳造利益は6.819ペンスで，32ペンスの場合は3.759ペンスである。
19) 大蔵省理財局臨時調査課，1920，p. 43。
20) Shirras, p. 466.

21) 大蔵省理財局, 1926, pp. 230-232。
22) 本山美彦, 1987, p. 99。
23) 大蔵省理財局, 1929, p. 59。
24) Spalding, p. 337.
25) 大蔵省理財局, 1929, p. 49。
26) Keynes, 1971b, 訳 pp. 159-160。
27) インド省手形売り出し制限措置の原因について, 鴎見 (p. 55) は大戦期を通じて累積されたインドの出超→インド省手形需要増加→ルピー銀貨枯渇→インド省手形売出制限という論理で説明している。しかしインドの貿易出超は大戦期だけで累積されたわけではない。開戦以前 (1909-1913 年) の年平均貿易出超は 7 億 2554 万ルピーであったが, 1913-14 年は 5 億 7700 万ルピー, 1914-15 年は 3 億 7240 万ルピー, 1915-16 年は 6 億 1310 万ルピー, 1916-17 年は 8 億 2810 万ルピーであった。したがって, 1916 年 12 月からの売り出し制限措置が貿易出超から起因したとは言い難い。
28) 大蔵省理財局, 1926, pp. 273-274。
29) インド政府は紙幣の兌換請求を控えてもらうために, また紙幣での決済を奨励するために, 小額紙幣, つまり 1 ルピー及び 2 ルピー1/2 の紙幣を 1917 年から発行して, 1919 年 3 月 31 日時点での 1 ルピー紙幣流通高は, 1.5 億ルピー, 2 ルピー1/2 紙幣の流通高は 1,840 万ルピーに達した。にもかかわらず, ルピー銀貨枯渇問題, つまり紙幣の兌換請求は収まらなかった (Shirras, p. 262)。
30) インド政府は紙幣の兌換請求に金と銀で応じることが可能であったが, しかし紙幣の兌換請求に応じる義務は元々銀のみであった (大蔵省理財局, 1929, p. 23)。
31) Ambedkar, p. 219.
32) Shirras, pp. 261-262.
33) 第 1 次世界大戦期に入って制定された銀に対する諸法律は, 1917 年 7 月 11 日の私勘定における銀輸入禁止措置, 同年 8 月 15 日の銀貨鋳潰禁止措置, 同年 9 月の銀輸出禁止措置, 1918 年 8 月に銀の打歩取引禁止措置などである。これらの禁止措置は, 1920 年 2 月の新たな貨幣法によって廃止された (大蔵省理財局, 1926, pp. 129-131)。
34) ピットマン条例というのは, 1918 年 4 月 9 日にネバグ州出身上院議員ピットマンが全体 8 条の内容をもって提案し, 4 月 16 日に上院金融通貨委員会の一部修正と 1 条が加えられ, 4 月 23 日に上院を通過し 4 月 24 日に大統領署名で成立した法律のことである。この法律は, 主に連合国に援助することを目的として, アメリカの財務省が銀証券の兌換に応じるために保管していたドル銀貨を 3 億 5 千万ドル以内の範囲で溶解し, 1 オンス当たり 1 ドル以上の価格で輸出することを内容としている。
35) 大蔵省理財局, 1923, pp. 4-5。
36) Ambedkar, p. 219.
37) 大蔵省理財局, 1926, pp. 273-274。
38) インドにおけるルピー銀貨需要期は農産物出回り期である。当時インドの重要輸出品であった穀類や棉花などの収穫期は大体 9 月からであり, 当然この商品を取引するために,

| 第6章 | 通貨システムの崩壊―インド省手形を事例として―

この時期になると，ルピー銀貨需要が上昇する。
39) 本山，1986, p. 275。
40) Sayers, 訳 p. 123。
41) セイヤーズは，1915年の9月に一時期であれイングランド銀行が為替市場介入を中断したときにポンド安（4.56ドル）になったこと，またドル資金調達のための公債発行の環境が以前より厳しくなったことなどがロンドン為替委員会を発足させた背景である，と説明している（Sayers, 訳 pp. 120-121）。しかしポンド為替レートを月平均でみると，1915年9月に4.679ドルを記録したのが最安値である（FRB, p. 681）。
42) 計算方法は純金の含有量に依存する。つまり1ドルは純金23.22グレーンであるため，次のような計算式が得られる。Yシリング＝金1オンス（純金480グレーン），1ドル＝純金23.22グレーン，Xドル＝20シリング（1ポンド），したがってロンドンでの銀価は，
$y = \dfrac{480 \times 20}{23.22 \times x}$，となる（Spalding, p. 76）。
43) Dadachanji, p. 127.
44) Sayers, 訳 p. 122。
45) 同上，pp. 163-164。
46) バビントン・スミス委員会の勧告は殆どケインズの意見に沿った内容であったが，この委員会とケインズの関わりについては，岩本（pp. 36-39）を参照されたい。
47) （注42）のような方法により次の計算式が得られる。1ルピー＝純金11.30016グレーン，1ドル＝純金23.22グレーン，Xドル＝240ペンス（1ポンド），とすれば，次のようになる（Spalding, p. 77）。
$\dfrac{11.30016 \times 240}{23.22 \times x}$
ポンド為替が4.5ドルである場合は，1ルピーは2s. 1.953dになるが，これが逆インド省手形の売り出し価格となるのである。ポンド為替が4ドルの場合は，1ルピーは2s. 5.1975d, 3.5ドルの場合は2s. 9.3685dである。
48) Dadachanji, pp. 122-125.
49) Spalding, p. 77.
50) Ibid., p. 78.
51) Dadachanji, p. 130.

**参考文献**

Ambedkar, B. R. (1923), *The Problem of the Rupee*, P. S. King & Son.
Bell, Geoffrey (1973), *Les Marches Déurodevises*, Presses Universitaires de France. 井出正介・武田　悠訳（1994），『ユーロダラーの将来』日本経済新報社。
Bloomfield, A. I. (1963), *Short-Term Capital Movements Under the Pre-1914 Gold Standard*, Princeton Studies in International Finance, No. 11. 小野一一郎・小林龍馬訳（1975），『金本位制と国際金融―1880-1914年』日本評論社。

Dadachanji, B. E. (1931), *History of Indian Currency and Exchange*, D. B. Taraporevala Sons.
Eichengreen, Barry (1992), *Golden Fetters-The Gold Standard and The Great Depression, 1919-1939*, Oxford University Press.
FRB (1943), *Banking Monetary Statistics, 1914-1941*, Board of Governors of the Federal Reserve Systems.
Keynes, J. M. (1971a), *Indian Currency and Finance*, CW 1, Macmillan. 則武保夫・片山貞雄訳 (1986),『インドの通貨と金融』東洋経済新報社。
────── (1971b), *The General Theory of Employment Interest and Money*, CW 7, Macmillan. 塩野谷祐一訳 (1995),『雇用・利子および貨幣の一般理論』東洋経済新報社。
MaKinnon, R. I. (1993), "The Rules of the Game; International Money in Historical Perspective", *Journal of Economic Literature*, 31. 日本銀行「国際通貨問題」研究会訳 (1994),『ゲームのルール』ダイヤモンド社。
Minsky, H. P. (1975), *John Maynard Keynes*, Columbia University Press. 堀内昭義訳 (1988),『ケインズ理論とは何か』岩波書店。
Sayers, R. S. (1976), *The Bank of England 1891-1944*, Vol. 1. Cambridge University Press. 西川元彦監訳 (1979),『イングランド銀行,1891-1944』上、東洋経済新報社。
Shirras, G. F. (1919), *Indian Finance and Banking*, Isaac Pitman & Sons.
Spalding, W. F. (1924), *Eastern Exchange Currency and Finance*, Isaac Pitman & Sons.
Triffin, Robert (1960), *The Gold and the Dollar Crisis: The Future of Convertibility*, Yale University Press. 村野孝・小島清監訳 (1961),『金とドルの危機』勁草書房。
大蔵省理財局 (1926),「銀塊相場の変動と其将来」『調査月報』第 16 巻特別第 3 号。
────── (1929),「印度貨幣制度」『調査月報』第 19 巻特別第 1 号。
大蔵省理財局臨時調査課 (1920),「戦中戦後の印度証券」『財政経済調査』第 1 巻 2 号。
東亜研究所 (1942),『印度金融制度の発展』東亜研究所。
東京台湾銀行調査課 (1926),『印度幣制改革問題』。
日本銀行調査局 (1925a),『世界戦争開始以来最近二至ル迄ノ印度省證券賣出ノ状況』。
────── (1925b),『印度貨幣制度ノ概要』。
横浜正金銀行調査課 (1921),「印度為替問題」『調査報告』第 16 号。
岩本武和 (1992),「ケインズとインド」『法経研究』41 巻 3 号 (静岡大学)。
塩野谷九十九 (1979),『イギリスの金本位復帰とケインズ』清明会。
鴇見誠良 (1978),「円為替圏構想とその現実」『経済学雑誌』Vol. 67, No. 3 (大阪市大)。
早坂喜一郎 (1925),『銀價と銀為替』大阪屋號書店。
本山美彦 (1986),『貨幣と世界システム』三嶺書房。
────── (1987),『国際金融と第三世界』三嶺書房。
────── (1999),「金融の政治経済」mimeo.

# 第 7 章 日本の原綿問題

## 1 | はじめに

　本章では，第1次世界大戦期日本の原綿問題[1]の発生とその解決過程の分析を通じて，当時の世界経済と日本経済の関係を探る。第1次世界大戦期の原綿問題に対する体系的な研究はまだみられない。しかし，断片的ながら本稿の先行研究とされるのは，前田薫一，靎見誠良の研究があげられる。まず両氏の研究を検討しよう。

　第1に，原綿問題が発生した要因については，イギリスで発売されたインド省手形の売り出し制限によるものであるということには共通認識を有している。つまり1916年12月に入ってから実施されたインド省手形売り出し制限によってインド綿買付資金が欠乏し，結局原綿問題が発生した[2]。

　第2に，この問題を解決しようとした日本の対策については，前田は本論で議論することとなるいくつかの対応策を紹介することに止まっており[3]，靎見は，問題が発生してから横浜正金銀行（以下正金と略す）を通じる金現送策によって一度問題は解決されたが，1917年9月にアメリカの金輸出禁止措置以後，問題が再び深刻化し，結局円為替圏（多角的為替決済）構築によって問題の解決が可能となった[4]と把握している。以上のような研究によると，第1次世界大戦期日本の原綿問題は，インド省手形売り出し制限→日本の原綿問題発生→正金の金現送策により問題解決→アメリカの金輸出禁止措置→円為替圏構築→原綿問題解決という流れで理解される。

　しかしながら，この問題は正金の金現送策及び円為替圏構築の政策によって実際に解決されたのであろうか。靎見の主張する円為替圏構築の政策によって

147

問題が解決されたとすれば，1918年からは原綿問題はなくなるはずである．ところが，表7-1をみると，少なくとも輸入量において1917年から1919年までは問題が存在したことがわかる．この問題を再認識するために，以下ではまず日本の原綿輸入がインド省手形にリンクされていた国際決済関係を整理し，次に日本当局が打ち出した諸対策を検討する．

## 2│ インド棉輸入の決済関係―インド省手形の位置

日本の棉花消費における輸入棉花の割合は，棉花輸入税が撤廃された1896年には99％に至り，1897年からは100％を外国から輸入するようになった[5]．この棉花輸入量の国別割合を見ると，1890年代はじめころの中国棉―インド棉―アメリカ棉という順番の輸入構造が，1897年から1920年半ばまではインド棉が第1位を占めることとなった[6]．

この時期において，日本の紡績会社がインド棉花を使用して，それによる低い番手の棉糸生産に重点をおいたのは，次のような2つの特別な事情に起因する．ひとつは，1910年代の日本紡績業の主な輸出市場が，アジア・アフリカ・中南米の比較的に低い消費水準の地域であったことと，もうひとつは，この地域において競争国を圧倒するためには，混棉技術による比較的に安いインド棉の使用が不可避であったことである[7]．つまり「本邦紡紡業今日ノ発達ヲ見タル重ナル原因ハ，品質ハ比較的不良ナルモ安値ナル印度綿ヲ巧ニ混交按配シタルニ依ルモノニシテ」[8]という指摘のように，中国市場での日本綿製品の価額優位を可能にするためには，インド棉使用がひとつの条件となっていた．

インドにおける日本の棉花輸出商による棉花取引はボンベイ買付と棉花原産地での買付とに大きく分けられる．1910年代におけるこの2つの買付高の割合は正確には知られていないが，「孟買市場に出廻るものは調製不完全なるのみならず，故意に劣等品を混ずるの悪習あり，且つ水気を含ましむる等頗る品質の統一を欠くものあるが故に孟買市場出廻るを待ちて買付を為すもの逐年減少の傾向にあり」[9]という記録から，買付規模が増加することに伴い，また輸

第7章 日本の原綿問題

表7-1 日本の棉花輸入高

| | | 1913 | 1914 | 1915 | 1916 | 1917 | 1918 | 1919 | 1920 | 1921 |
|---|---|---|---|---|---|---|---|---|---|---|
| 英領インド | 数量 | 4,004,458 | 4,142,667 | 4,896,782 | 5,133,005 | 4,495,140 | 2,903,201 | 3,574,731 | 4,194,838 | 4,406,707 |
| | 価格 | 143,039 | 145,448 | 139,705 | 165,189 | 204,311 | 210,084 | 287,930 | 357,582 | 181,707 |
| | % | 59.45 | 66.32 | 66.8 | 61.01 | 63.09 | 41.96 | 44.65 | 53.05 | 50.3 |
| アメリカ | 数量 | 1,720,082 | 1,369,625 | 1,614,661 | 2,206,231 | 1,704,661 | 2,509,530 | 3,113,461 | 3,273,461 | 3,486,143 |
| | 価格 | 64,220 | 59,996 | 55,653 | 79,370 | 84,085 | 205,108 | 286,122 | 339,164 | 217,436 |
| | % | 25.45 | 21.93 | 22.03 | 26.22 | 23.93 | 36.27 | 38.89 | 41.4 | 39.8 |
| 中国 | 数量 | 575,248 | 416,901 | 591,932 | 656,758 | 643,467 | 1,231,001 | 993,636 | 203,477 | 560,484 |
| | 価格 | 16,505 | 11,750 | 15,337 | 19,678 | 30,596 | 88,736 | 76,730 | 12,722 | 24,130 |
| | % | 8.54 | 6.67 | 8.07 | 7.81 | 9.03 | 17.79 | 12.41 | 2.5 | 6.4 |
| エジプト | 数量 | 124,489 | 115,527 | 108,370 | 145,449 | 120,842 | 82,945 | 122,217 | 69,901 | 149,736 |
| | 価格 | 6,236 | 5,724 | 5,802 | 8,257 | | 8,865 | 13,404 | 7,612 | 11,746 |
| | % | 1.85 | 1.85 | 1.48 | 1.73 | 1.7 | 1.2 | 1.53 | 0.88 | 1.7 |
| 朝鮮 | 数量 | 33,774 | 45,986 | 38,573 | 52,826 | 77,686 | 93,901 | 86,983 | 69,901 | 0 |
| | 価格 | 864 | 1,522 | 1,186 | 1,483 | 3,703 | 7,073 | 6,695 | 7,612 | 0 |
| | % | 0.5 | 0.74 | 0.53 | 0.63 | 1.09 | 1.36 | 1.53 | 0.88 | 0 |
| その他 | 数量 | 277,904 | 156,071 | 80,296 | 218,896 | 83,181 | 98,977 | 114,903 | 97,280 | 154,736 |
| | 価格 | 3,598 | 2,086 | 819 | 3,595 | 1,135 | 2,716 | 3,690 | 3,359 | 3,154 |
| | % | 4.13 | 2.5 | 1.1 | 2.6 | 1.17 | 1.43 | 1.44 | 1.23 | 1.8 |
| 合計 | 数量 | 6,735,955 | 6,246,777 | 7,330,614 | 8,413,165 | 7,125,288 | 6,919,555 | 8,006,381 | 7,906,381 | 8,757,816 |
| | 価格 | 234,463 | 220,496 | 218,502 | 277,571 | 334,679 | 522,632 | 674,562 | 727,365 | 438,173 |

出所:『日本綿業統計』による。
単位:数量はピクル、価格は千円。1ピクルは100斤。価格は百単位で四捨五入した。

出商がインド国内取引事情に精通していくにつれて，次第に原産地買付の方が増加していったと考えられる。実際に三井物産の場合は 1916-17 年の総買付のうち，原産地買付の割合が 57% であったように[10]，1910 年代になってからボンベイでの買付と原産地買付の割合はほぼ同率であったと言ってもよいだろう。

ところで，このように原産地買付とボンベイ買付を区別する理由は，その買付資金調達方法が大きく異なるからである。これは当時のインドの独特な事情に起因する。というのは，「印度人は，(中略) 紙幣の通用を見ず，棉花買付の支払は態々重い一留比の銀貨を奥地へ運搬せぬばならぬ」[11] という説明のように，当時インドでは支払手段として紙幣ではなくルピー銀貨が主に用いられた。つまり農村において，棉花買付に使用された貨幣は一般的にルピー銀貨だけであったため，出張員がボンベイから遠い地方までルピー銀貨を運ばないといけないことになる。しかし，巨額のルピー銀貨を運ぶのは実際無理であったためにここでボンベイ買付金融とは異なる原産地買付金融が行われたのである。

1910 年代ボンベイでの買付決済は，先物買付も直物買付も共に棉花を引き受けた時点で支払いが行われた[12]。この決済資金は，輸出商が正金ボンベイ支店から輸出前貸金（Export Advance）による融資を受けて支払ったが[13]，この時に受け取った貨幣が必ずルピー銀貨であったかどうかは明らかではない。なぜならば，この時期になると，ボンベイの紙幣流通は他の地域よりある程度進んでいたからである。いずれにせよ買付が終わると，棉花の船積みと同時に輸出商は荷為替[14] を取込み，正金ボンベイ支店からの前貸金を決済することになる[15]。ここまで来ると，決済関係は正金ボンベイ支店と日本国内正金支店との関係になるが，ここからは原産地買付と合わせて検討する。

先に述べたように原産地買付の場合，ルピー銀貨を必要とするので，出張員は地方でルピー銀貨を調達しなければならない。この方法は，正金ボンベイ支店振出一覧払手形であるフンディー（Hundy）の利用，インド政府本金庫の利用，ローカル・フンディーの使用などがあったが，フンディーの利用が普通であったと言う[16]。フンディーを用いる資金調達方法は次のようなものである。つまり棉花の出回り期になると，ボンベイの輸出商は正金の輸出前貸金により

| 第7章 | 日本の原綿問題

必要額をフンディーで受けると同時に，ボンベイ銀行本店と割引契約を結ぶ[17]。

次にフンディーは原産地の出張所に送られる。出張員はこのフンディーを地方のボンベイ銀行支店に提示し，代わりにルピー銀貨を受け取る。または棉花ブローカーであるアラチヤにフンディーで支払って，アラチヤがボンベイ銀行の地方支店からルピー銀貨を受け取る場合もあったが，それは比較的に少ないケースであった。こうした過程を通していわゆるルピー銀貨での原産地買付が可能であったのである。出張員が買い付けた棉花が，ボンベイに到着すると[18]，先のボンベイでの買付と同じように輸出商は荷為替を取り込み，正金からのフンディー貸金を決済することになる。一方フンディーは，地方のボンベイ銀行の支店を通して結局正金ボンベイ支店に戻ってくることになるが，これを決済するためには正金ボンベイ支店への日本国内正金支店の決済が必要である。

今度は正金ボンベイ支店と日本国内の正金支店との決済関係を見てみよう。当時日本は，対インド貿易が入超関係であったため，形式的には正貨を現送して決済をする方法がとれるところであるが，この原綿輸入の場合は英国を利用する三角決済の方法が使用された。つまり同じ金本位制であるイギリスに，棉花輸入分を正金ロンドン支店に送って，正金ロンドン支店がボンベイ支店に決済をする方法であった。つまり正金ボンベイ支店に必要なのはルピー銀貨での決済であるため，正金ロンドン支店はロンドンのインド省からインド省手形を購入して，このインド省手形をボンベイの正金支店に送ったのである。ボンベイ正金支店と正金の日本国内支店の決済はこのような三角決済の形を採っていた。ボンベイ正金支店は，このインド省手形をルピー銀貨に換えて，回って来るフンディーの決済ができた。つまり最終的に日本のインド棉花輸入の決済を可能にしたのは，このインド省手形であった。植民地インドの金為替本位制の軸となってロンドンで発売されたインド省手形は，日本にとっては思わざる入超決済に利用されたのである。

今まで述べた日本の棉花輸入にかかわる複雑な決済関係を簡単に抽象化した

のが図7-1である。この決済関係の下では，特にインド省手形の流れが切断されるとすれば，当然棉花輸入が難しくなるシステムであった。特に対インド入超構造の日本にとっては，言うまでもなくイギリスの正金ロンドン支店によるインド省手形の買い入れがインド棉花輸入の必須不可欠な前提条件であったのである。

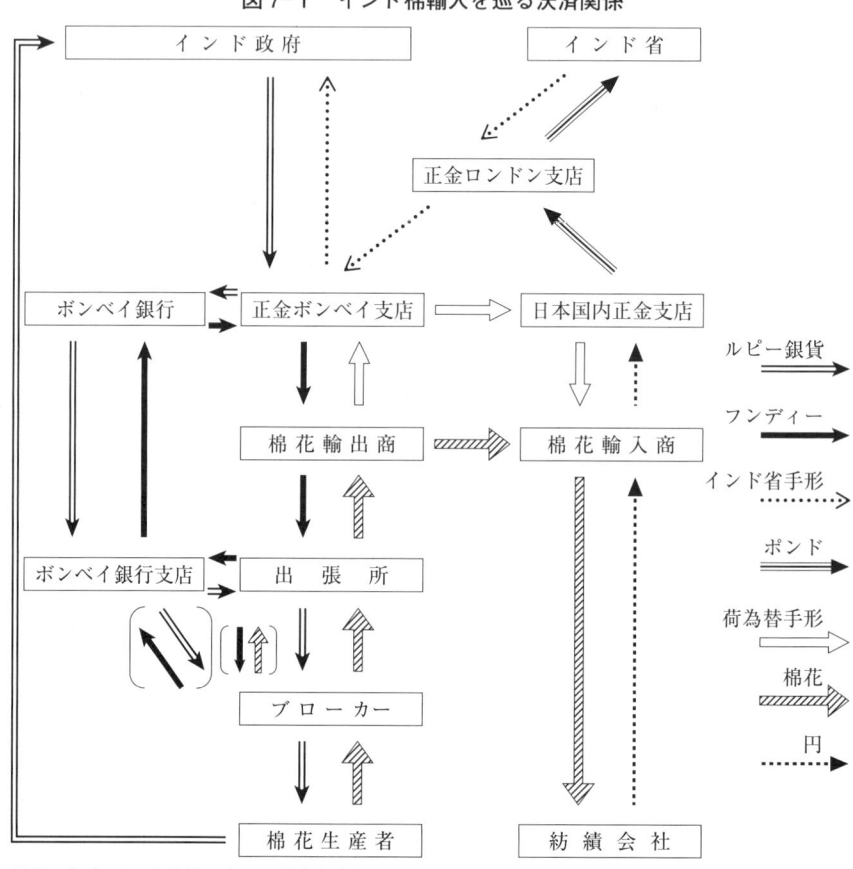

図7-1　インド棉輸入を巡る決済関係

備考：〔　〕は，比較的に少ない場合を表す。

## 3│原綿問題の対応策

　日本のインド棉輸入はロンドンでのインド省手形購入を条件とするものであったため，当然ながら，インド省手形売り出し制限措置は日本のインド棉輸入を困難にした。第6章で検討したように，インド省手形売り出し制限というのは，売り出し額縮小と売り出し価格の引き上げという2つの側面がある。このうち，直接的に日本のインド棉輸入に影響を与えたのは，1916年12月20日の販売額の縮小措置からである。その後，1917年1月10日に申し込み者の制限措置によって日本を代表して正金への割当が決められたが，毎週正金の割当額がどの程度であったかの正確な統計は確認できない。

　ところが，「正金銀行が配分されたるカウンセル・ビルは毎週百十万留比」[19]の記録と，「英国が（中略）カウンセル・ビルの売出を著しく制限し今日に於ては一週九百万留比となし中我国へ割宛額は七十万留比に過ぎず」[20]の記録から推測は可能である。つまり毎週120ラクが売出された1917年1月10日から7月25日までは11ラク，毎週90ラクが売出された8月1日から11月14日までは7ラクの割当であったのである。要するに総売り出し高に対して前者は9.1%，後者は7.8%の割当であった。このようなインド省手形売り出し制限措置以後の正金への割当高と制限措置以前の割当高を直接に比較することは，現在の資料水準ではできない。しかし，1917年10月に計算された表7-2を参考にして当時のインド棉輸入資金不足額の計算は可能である。

　表7-2で示されているインド棉輸入高は，1916年を基準にした輸入量と1917年10月までの平均輸入価格を用いて計算した予想輸入高である。この予想輸入高は，しかしながら，実際に中国との貿易に必要とするインド棉花数量が約1,485,000俵（約4,455,000ピクル）であったことから[21]，現実的な計算であったと考えられる。したがってこの計算によると，当時インド棉輸入資金不足分は金額にして1億3千百万円に達し，数量にしては2,311,800ピクルの輸入減少を余儀なくされた。

　こうした2百30万ピクルのインド棉輸入減少は，1916年を基準にして全体

表7-2 インド棉輸入における決済不能額の予想

| 決済の予想 | 備考 |
|---|---|
| インド棉輸入高 ： 255,000,000 円 | 予想所要印棉：1,500,000 俵<br>（1 俵 170 円の見積り） |
| 綿花以外の貿易出超額 ： 70,000,000 円 | 1916 年 10 月-1917 年 9 月基準 |
| インド省手形買い付け額： 24,000,000 円 | 将来1ヵ年の割当高 |
| 為替買い付け高 ： 30,000,000 円 | |
| 為替資金不足額 ： 131,000,000 円 | |

出所：「第三次計算，印度綿花問題」『勝田家文書』第 23 冊リール No. 14, p. 338。
参考：1俵は3ピクルである。上記の為替買付高の数字は計算当時の予想したものであるか，それとも買付済み高であるかは不明確である。インド棉輸入量は 1916 年基準，価格は 1917 年の平均値である。

輸入量の約 25％，インド綿輸入の半分に相当する量であったため，何らかの対策を講じざるを得なかったのである。この対策として設けられたのは，主として輸出増加策，ジャバ砂糖の対インド輸出計画[22]，アメリカ棉への代用案，横浜正金銀行の金現送策があったと伝えられている[23]。以下ではアメリカ棉への代用案，正金の金現送策の対策を検討し，その効果を分析する。

### 3-1 アメリカ棉への代用計画

1917 年にインド棉花輸入の問題が発生してから，日本政府が検討したアメリカ棉への代替計画について，前田は「現在我紡績業者の買付ける印棉五百十万俵，米棉四十万俵を変更して，米棉百万俵印棉七十五万俵を買入れることとすれば，米棉百斤七十圓として二億六千二百五十萬圓となり，而して印棉は百斤六十圓として一億三千五百萬圓に減少すべしといふ案（輸入価格相殺効果：引用者注）」であると紹介したのち，続いてその実行については，綿糸布の原価問題により中国市場での厳しい競争があること，またインドの棉花輸出減少によりインド人民の日本の綿糸布に対する購買力が激減することなどをあげて

第7章 日本の原綿問題

その実行に反対論があったと説明している[24]。しかし前田が説明しているように，インド棉輸入をアメリカ棉に代替するかどうかを決定する要因が，中国市場での厳しい競争及びインドでの綿糸布の購買力減少問題などではなかった。当時の正金の副頭取であった山川勇木は，「印度棉の代わりに米棉を用いたらどうかと云ふことは，政府の希望もあったに違ひありませんぬ，けれども……聞く所によると，印度の棉て造ったものより米棉で造ったものは，出来上

表7-3 アメリカ棉代用の損益計算

| | 番手別混棉比率 | | | 番手別混棉比率の損益計算 | | | |
|---|---|---|---|---|---|---|---|
| | 15番手以下 | 16-19番手 | 20-30番手 | | 15番手以下 | 16-19番手 | 20-30番手 |
| 現在混棉比率 | 印棉：100% | 印棉：90%米棉：10% | 印棉：75%米棉：25% | 綿花代 | 204.12 | 211.33 | 221.98 |
| | | | | 工 賃 | 22.00 | 21.60 | 20.00 |
| | | | | 現場相場 | 235.00 | 245.00 | 270.00 |
| | | | | 損 益 | ＋8.88 | ＋12.23 | ＋28.02 |
| 場合(1) | 印棉：76.4% | 印棉：50%米棉：50% | 印棉：25%米棉：75% | 綿花代 | 220.77 | 239.23 | 255.90 |
| | | | | 工 賃 | 20.00 | 18.00 | 18.00 |
| | | | | 現場相場 | 235.00 | 245.00 | 270.00 |
| | | | | 損 益 | －5.77 | －12.23 | －3.90 |
| | | | | 利益減少 | 14.65 | 24.03 | 31.92 |
| 場合(2) | 印棉：100% | 印棉：75%米棉：50% | 印棉：50%米棉：50% | 綿花代 | | 221.98 | 239.23 |
| | | | | 工 賃 | | 20.00 | 18.00 |
| | | | | 現場相場 | | 245.00 | 270.00 |
| | | | | 損 益 | | ＋3.09 | ＋12.77 |
| | | | | 利益減少 | 0 | 9.50 | 15.25 |

出所：「第三次計算，印度綿花問題」『勝田家文書』第23冊リール No. 14, pp. 339-348。
参考：単位は円，綿糸1梱生産に要する原料棉花の計算である。インド棉割合には中国棉も含まれる。

りがよいに違いないが，それだけ高く売れれば宜しいけれども，矢張一六手は一六手にしかうれぬから，米棉を用ひては売り悪いさうです」[25]と述べている。要するにインド棉の代替としてアメリカ棉を使用するかどうかを決定するには，日本国内綿紡績業者の現実的な損益問題が絡んでいたのである。こうした国内綿紡績業者の損益関係を具体的に検討するために表7-3を参照したい。

表7-3は1916年下半期から1917年上半期を基準年度にした，アメリカ棉の代用別の損益計算である。「場合 (1)」と「場合 (2)」の計算の方法は次の通りである。まず，「場合 (1)」は先に述べたように，インド省手形売り出し制限措置による輸入不能量 2,311,800 ピクル（1億3千百万円）全部をアメリカ棉に代用する案である。当時綿糸生産高は 15 番手以下が 505,200 梱，16-19 番手が 462,639 梱，20-30 番手が 657,210 梱であったので[26]，表7-3の1梱当たり損失計算から，この「場合 (1)」を実行すると，15 番手以下の綿糸生産の損失は 2,915,005 円，19-20 番手の損失は 5,658,074 円，20-30 番手の損失は 2,563,119 円になる。これらを合計すると絶対損失額は 11,136,198 円にも達し，結局「到底実行不可能ナリ」[27]の考えであると結論づけている。

次の「場合 (2)」は，紡績会社の配当率を半減する程度でアメリカ棉を代用する場合の損益計算である。つまり当時紡績会社の1ヵ年配当金 2900 万円のうち，1450 万円の利益を減少させる程度でアメリカ棉を使う案である。この計算によると，表7-3の示すように，「場合 (1)」と同じ計算方法から，全体利益減少は 1400 万円になる。要するに，この 1400 万円の利益が減少するように混棉比率を変更すると，16-19 番手綿糸生産においてはアメリカ棉の 15% 増加，20-30 番手の綿糸生産においてはアメリカ棉の 25% 増加が得られ，これは，数量におけるインド棉輸入不能量の 2,311,800 ピクルのうち，811,810 ピクルのアメリカ棉輸入を可能にすることである。とすると，残りインド棉輸入不能量は，数量にして 1,454,251 ピクル，金額にして約 8240 万円になるが，この金額は正金の正貨現送で解決されるだろうと見ている[28]。

しかしながら，結果的に正貨現送によって残りのインド棉輸入が可能であると計算したことも問題になっただけではなく，当時において紡績会社は失った

| 第7章 | 日本の原綿問題

配当金1400万円を補うために積立金などを減らすことが予想されたが，これも現実的には困難なことであった[29]。つまり紡績会社の利益減少による問題解決案も現実性を欠いていたのである。

　すなわち，インド棉花のアメリカ棉への代用計画を実行するには，日本国内棉紡績業者の損失を強要することとなり，当然ながら紡績会社の反発を誘発するものであった。しかしこのインド棉問題は紡績会社そのものが生き残れるかどうかの問題であったため，反発するだけで問題が解決できる性質ではなかった。というのは，「米・支棉ヲ以テ印度棉ニ代用シ印度棉ヲ全然使用セザルコトハ，本邦紡績業ノ現状ヲ維持スルコトヲ前提トシテ如何ニシテモ不能ナルガ如シ」[30]という指摘のように，当時日本紡績業が占めていた中国市場での輸出棉製品の価額競争の優位を維持するためには，いかにしてもインド棉あるいは同等の低価棉花確保の必要があった。つまり少なくとも中国への棉製品（特に棉糸）輸出を維持するためには，何らかの対策を設けざるを得なかったのである。ここでまた次の2つの案が考えられた。1つは当時輸入可能なインド棉の全量を輸出棉糸生産に回し，国内消費棉花はアメリカ棉を使用する案（「場合(3)」と呼ぶ）で，もうひとつはインド棉より安い中国棉の輸入を伸ばすことによって，アメリカ棉輸入による原価上昇を相殺する案（「場合(4)」と呼ぶ）である。

　「場合(3)」の内容は，当時輸入可能であると判断したインド棉 2,190,000 ピクルのうち，「支那其他輸出棉糸布原料トシテインド棉所要高 182,000,000 斤ハ従前ノ通リ之ヲ使用スルトシ残 37,000,000 斤ヲ内地消費ノ棉糸布原料トシテ使用スル場合ノ損益計算」[31]である。同計算によると，当時棉糸生産高 1,926,000 梱のうち，国内消費高は 1,166,800 梱であるが，この国内消費分の生産に必要な棉花をアメリカ棉で賄った場合，その生産費は 287,266,860 円から 327,910,550 円に増加し，結局 40,643,690 円の生産費が増加することになる[32]。要するに，この生産費増加分を消費者あるいは紡績会社に転嫁させる案である。ところが，紡績会社に転嫁するのは「場合(2)」で検討したように容易な問題ではない。また消費者に転嫁するとすれば，棉糸価額の騰貴につながる恐

れがあった[33]。政府当局は，当然ながら，物価上昇及び外国製綿糸の日本国内浸透を防ぐ意味において結局消費者に生産費増加分全部を転嫁することは望まなかったし，また現実的にも実行し難い案であった。

次は「場合 (4)」の内容を検討する。これは当時インド棉の輸入不能量を 600,000 ピクルと計算し[34]，インド棉輸入を 696,000 ピクル減らすと共にアメリカ棉を 600,000 ピクル，中国棉を 96,000 ピクル，合計 696,000 ピクルの輸入を増加させ，輸入価額の相殺を図る案である[35]。この輸入棉花の価額相殺方法は以下の通りである。つまりインド棉・アメリカ棉・中国棉の 1 ピクル当たり輸入価額を各々37.44円，45.84 円，35.35 円と計算し，アメリカ棉及び中国棉増加額は 27,504,000 円と 3,393,600 円として合計 30,897,600 円である。これについてインド棉減少額は 26,058,240 円になり，増加額から減少額を引くと 4,839,360 円になる[36]。要するに，少しは輸入額が増加するがそれは比較的に少額であり，輸入量においては以前と差異がないため，ある程度問題を相殺することが可能であるという案である。この計画が実行されたかどうかは明らかではないが，表 7-1 の示す 1918 年の中国棉輸入の大幅な増加はこの考えが試みられたことをうかがわせる。

以上 4 つの計画が正確にどのぐらいの比率で実行されたかを分析することは限界がある。しかし少なくとも「場合 (1)」と「場合 (3)」は現実的に実行し難い案であったことは既に述べた通りである。とすると，アメリカ棉を代用して当時の原綿問題を解決する方法としては「場合 (2)」と「場合 (4)」の可能性があげられる。しかしながら，この「場合 (2)」と「場合 (4)」はインド省手形売り出し制限措置によって惹起した原綿輸入不能量のうち，正金銀行の正貨現送によって大量のインド棉輸入が可能であることを前提としている。つまり次に検討する正金の金現送策が成功しない限り，このアメリカ棉代用案も単純な計画として止まるしか方法がなかったのである。

## 3-2　横浜正金銀行の金現送策

　原綿問題が発生してから日本政府は，インドでの棉花買付資金を調達する目的で正金を通じてインドに正貨を現送する救済策を展開したと言われている。つまり当時の正金の副頭取であった山川勇木は，「正金銀行は日本の金を印度へ輸出して為替資金の一大部分に充て居つたのであります」[37]と述べており，従来の研究をみても，「まず政府は，ニューヨークに累積する在外資金に注目し，横浜正金，台銀を通じて金を引出し，インドに送ることによって切抜けてきたが，（中略）北米合州国に金輸出禁止の断行を余儀なくせしめ，結局インド棉為替資金問題は解決の方途を失い」[38]と把握している。要するにアメリカの金輸出禁止措置までは金現送によって問題を解決することができたが，その以後からインド棉決済資金問題が深刻化したという分析である。

　ところで，当時正金の記録をみると，この問題について，「1917年1月から同年10月までの間に，金塊，外国金貨および本邦円の現送は，併せて9,370余万円に達した。このようにして，インド棉花の為替資金は十分に準備されたけども，棉花相場の関係からインド棉の輸入が激減した結果，正金はボンベイで多額の資金を私蔵しなければならなくなり（中略）ところが翌年ルピー貨が騰貴し（中略）多額の為替利益がもたらされた」[39]と伝えている。この記録によると，金を現送して棉花購入資金は準備されたけれども，原綿価格の騰貴によってインド棉輸入が減少したということになる。

　以上のような研究及び史料に対する本研究が持つ疑問は次の2つの点にある。第1に，正金の金送金によってアメリカの金輸出禁止措置（1917年9月）以前までは，少なくともインド棉輸入問題は解決されたのか。第2に，1917年にインド棉花輸入が激減したのは正金の記録のように実際に棉花相場によるものであったのか。以下ではこの2つの疑問を解明しながら正金の金現送策の効果を検討する。

　まず，図7-2の示す月別インド棉輸入高から年単位の輸入高を参照したい。インドでの棉花買付は主として10月から翌年5月まで行われるが，これはインド独特の気候，つまりモンスーンによるものである。モンスーンという雨季

が終わると，次のモンスーン期まで雨が降らない。この間，棉花は播種され収穫が終わるのである。播種期が大体5月から11月までであるから，その収穫は10月から翌年5月になる[40]。したがって，この棉花が日本に到着する時期を基準にする場合，年の上半期は輸入量が多く，下半期は比較的に輸入量が少なくなるのが一般的である。

しかし，図7-2をみると，1915年，1916年，1920年，1921年の輸入高は正常の「上高下低」現象をあらわしているが，1917年から1919年までの輸入高は正常ではない形をみせている。特に，露見の主張する正金の金現送策によってアメリカの金輸出禁止措置までは問題が解決されたとする1917年の場合，非常に不自然な動向をみせている。もしアメリカの金輸出禁止措置までは問題が解決されていたとするならば，1917年のインド棉輸入は，図7-2が示しているのと反対の現象が起こるはずであり，またアメリカの金輸出禁止措置以後

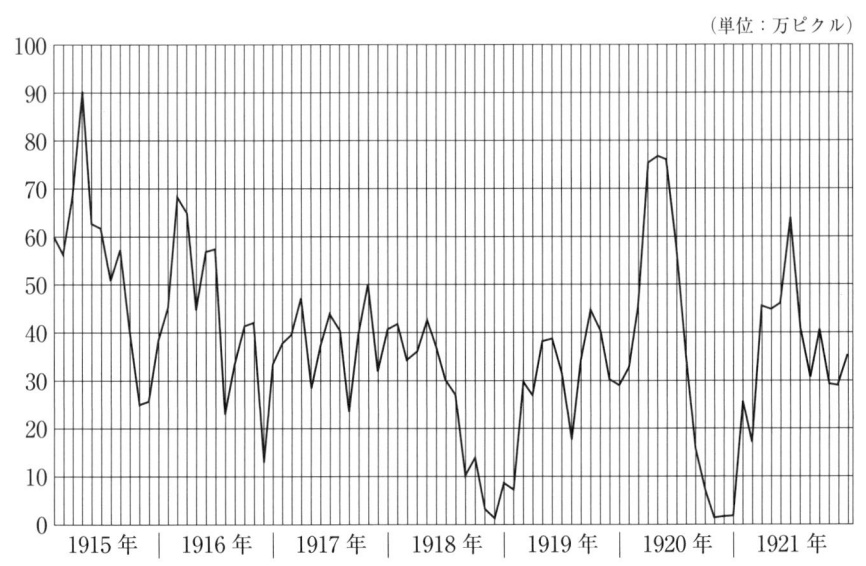

図7-2 インド棉月別輸入高

(単位：万ピクル)

出所：『大日本紡績連合会月報』各号による。
参考：1ピクルスは100斤，千単位で四捨五入した統計である。

第 7 章 日本の原綿問題

から問題がもっと深刻化したとすれば，少なくとも 1917 年下半期のインド棉輸入高は上半期より低いはずだが，その反対の輸入高を示している。すなわちなんらかの原因によって，正金の記録でも確認できるように，インドに現送された金が棉花買付に使われなかったことを示している。

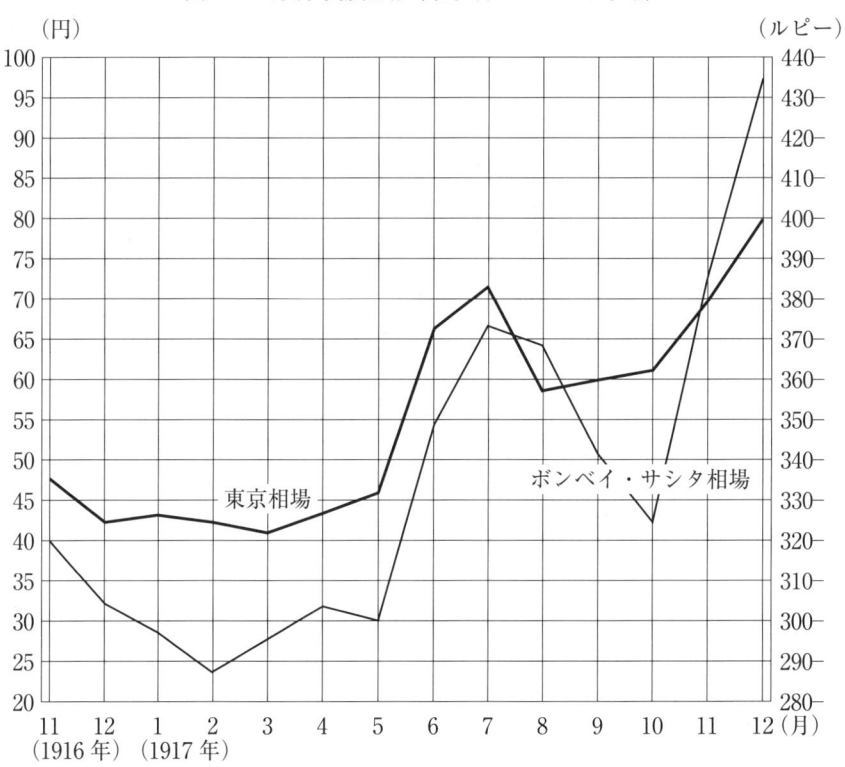

図 7-3　月別印棉相場（東京及びボンベイ市場）

（太線）東京相場／（細線）ボンベイ・サシタ相場

出所：東京相場は，朝鮮殖産銀行調査課，『朝鮮の棉花（三版）』p. 112，ボンベイ・サシタ相場は，江商株式会社，『印度棉花事情』pp. 34-35 により各々作成。
備考：東京市場（太線）は，アコラ 100 斤建の相場で，ボンベイ・サシタ市場（細線）は，ベンゴル 1 キャンデー建ルピー相場である。各月相場は，月平均の数字である。
参考：インド棉に限って，1 ピクル＝100 斤＝133.33 ポンド，1 キャンデー＝784 ポンド，1 俵＝300 斤である。従って，1 キャンデー＝約 2 俵（6 ピクル）である。

161

次に，この原因を棉花相場から求める正金の資料を検討してみよう。先に述べたように1917年のインド棉輸入のうち，実際に低い輸入量を記録したのは上半期である。しかし，インド棉花相場の大幅な上昇は，図7-3でみられるように東京相場も，ボンベイ相場も1917年6月からのことである。図7-2の1917年度の月別インド棉輸入高と図7-3の1917年度の棉花相場を同時に眺めると，棉花相場と輸入量は逆関係であることがわかる。つまり1917年上半期におけるインド棉の輸入量が減少したのは，少なくとも棉花相場によるものではなかったことになる。ここで棉花相場によってインド棉輸入量減少を説明する正金の記録に疑問の余地が生じる。

　いかにして1917年上半期は，正金の救済策にもかかわらず低い輸入量を記録し，下半期にはインド省手形の売り出し制限の影響が厳然として存在した時であったが，他の年と比べて異常なほど高い輸入水準であったのか。この問いに答えるためには，正金の金現送の事実関係ではなく，現送されたカネがインドで真に果たしていた役割を明らかにせねばならない。

　先に引用した正金の資料によると，1917年に現送した金は1917年には使わず1918年まで残されたことがわかる。金がそのまま残された原因を棉花相場から求める論理を捨てるとすれば，その原因はより確実にみえてくる。つまり金が現送されても棉花の買付に送られた金のすべてが役に立ったわけではなかったのである。実際に，1917年6月23日の『週報』は，「（救済策として：引用者注）銀行は倫敦宛印度為替を買ふの外途なく如斯枯息の手段にて到底救済の目的を達す可くも非ず，更に我国の在英正貨を印度に轉送する事，次で又我国の在米正貨を印度買付資金に振替ふる事を建議交渉せしむ解決実行するに至らず終に本年4月に至り」[41]と伝えている。また続いて正金の金現送について，「金塊を現送するに至れり而るに印度は所謂る跛本位制度に対外関係に於ては金本位なるも国内に於ては銀本位なるを以て貨幣に非ざる金塊は全く商品と異なる所なく不便実に少からず」と述べている。ここで2つの事実の確認ができる。ひとつは金塊そのものは貨幣ではなく一般商品と同じ性質であったこと，もうひとつは1917年4月に至るまで問題は解決されなかったことである。

| 第7章 | 日本の原綿問題

　ところが，この事実は当時のインド内部事情を鑑みれば当然の結果でもある。先に述べたように，棉花の買付に使われた貨幣はルピー銀貨であり，また当時インドは劇甚なルピー銀貨枯渇の状態であった。更に1893年以来ルピー銀貨の自由鋳造まで禁止されていた。こうした状況では，現送された金のルピー銀貨への兌換または切り替えが必要不可欠である。正金が現送した金の種類は，上記の正金資料によると，金塊・外国金貨・本邦円貨になっている。しかしこれら正貨が棉花買付に使われるためには送られた正貨のルピー銀貨への兌換が必要であった。少なくとも正金ボンベイ支店が振り出すフンディーの決済に現送された正貨が使われる必要があった。しかしながら，ルピー銀貨枯渇の状態でのインドの銀行（主にボンベイ銀行）としては，ルピー銀貨ではない正貨でのフンディー決済に応じることが難しかったと考えられる。

　さらにインド政府は1917年6月29日に金の輸入管理の布告と7月11日には銀輸入禁止を発表することに至ったが，その内容は次の通りである。金の輸入管理の布告は，金の自由輸入は認めるが，これを政府に売って紙幣と交換しなければならないという条件がついていた。そして銀は原則として輸入禁止であるが，①インド政府の輸入，②特許による銀貨・銀地金の輸入は除外するという内容である[42]。これは金・銀による紙幣発行準備の確保をねらう法令であるが，それによって紙幣の流通は1917年に大幅に増加した。インドのこのような政策によって少なくとも正金の1917年7月以後の金現送はインドにおいて紙幣しか得られなかったのである。

　銀行間の決済は紙幣で可能なものであるが，問題は棉花輸出商が正金の輸出前貸金から紙幣を受けると，結局紙幣で棉花買付をしなければならないということである。とりわけ，当時紙幣のルピー銀貨への兌換は容易ではなかったし，また紙幣は15％から20％の間で割引されていた[43]。当時インドでの棉花買付の方法は，先に触れたように，ボンベイ買付と原産地買付がある。このうち，特にルピー銀貨での決済が要求されたのは原産地買付の方であった。しかし棉花買付の決済が両方とも紙幣で可能であったとしても，紙幣額面に対する15％ないし20％の割引された金額での買付は，棉花輸入価格に計算されない

損失になる。棉花輸出商がこの損失を自分のバランスシートにいれながら棉花を買い取る必要は全くない。つまりルピー銀貨でない棉花取引は，売手も買手も棉花取引を忌避する理由があったのである。

ここで棉花相場関係からインド棉の輸入が下落したという正金記録の意味が分析される。つまり正金銀行史記録の「棉花相場の引き上げによる」ということは実際の相場の値上げではなく，紙幣の額面価の割引により棉花の値段が相対的に値上げしたことを意味する内容と思われる。正金はこの記録によって，インド棉の輸入減少（日本の原棉問題）の責任を棉花商社に転嫁することができ，現送された正貨は1918年に繰り越しされることとなった。1916年からの銀の投機によって結局ルピー銀貨の投機的需要を引き起こしたが，このことはルピー為替の大幅な引き上げにつながった。このようなルピー為替上昇の下で使用されないまま残した日本から現送された正貨は正金に莫大な利益をもたらしたのである。

## 4 | 原綿問題解決の条件

原綿問題を解決するために当局が自ら打ち出した対策は，以上の分析で明らかになったように解決には至らず，行詰りをたどることになった。表7-1及び図7-2をみると，1917年から1919年までのインド棉輸入は激減している。この現象の意味は日本の原棉問題が1917年から少なくとも1919年までには存在していたことを裏付ける。

それでは，原棉問題の解決のキーはどこにあったのか[44]。これを探るためにインド省手形売り出しの推移を参考にしたい[45]。インド省手形売り出しは1917年から制限がありながらも1918年10月12日までには販売が行われた。ところがこのときから1919年5月6日までに売り出しを停止し，その後に売り出しが再開された。実は，インド省手形の総販売量においては売り出し制限があった1917年以後がその以前より多かった。要するに1917年からのインド当局によって実施されていたインド省手形売り出し制限措置というのは，その

| 第7章 | 日本の原綿問題

　結果から言うと，販売額の制限より売り出し価格の制限であった。ところが，このインド省手形売り出し制限措置は，日本にとって，販売価格引き上げの問題としてではなく，絶対販売量の制限という形となった。このような結果となったのは1917年1月10日の申し込み者制限措置である。つまりこの申し込み者制限措置によって，全体的に以前より販売額は増加したにもかかわらず日本の割当量は減少してしまう結果となった。とすると，日本のインド棉輸入問題が解決されるためには，この申し込み者制限措置が撤廃されるか，あるいは正金の割当率が引き上げられるかを条件とする。この申し込み者制限措置を撤廃したのは1919年9月からである[46]。

　しかし，日本のインド棉輸入問題の緩和は，この申し込み者制限措置の撤廃だけが唯一の方法ではなかった。つまりイギリスでインド省手形を購入しなくても，正金によって送られた金が棉花買付に使われる場合にも，このインド棉輸入問題は緩和される。この問題をもっと深く議論するために表7-1をみてみよう。まず，問題が発生した1917年からどの程度インド棉輸入が減少したかを分析する必要があるが，ここでは1915-16年を基準年度として，その基準輸入量を年間約500万ピクルとする。インド棉輸入が下落し続けた1917年から1919年の間，その減少幅は1917年に約50万ピクル，1918年に約200万ピクル，1919年に約150万ピクルである。つまり輸入が不可能であったインド棉数量は結果的に50万から200万ピクルにのぼる数量であった。

　インド棉輸入におけるこの減少幅は，主として棉花買付の決済ができなかった原産地買付の減少によるものであった。実に，(株)東洋棉花の原産地買付高をみると，1917年から1919年にかけて大幅に減少しているし[47]，また『週報』の「今期印度棉花の需給」という記事[48]で1918-19年度の日本のインド棉輸入予想高を計算しているが，輸入予想高すべてをボンベイ棉花市場出回り高から求めて，約300万ピクルが輸入されるだろうと予想している。つまりインド国内の棉花買付のうち，ボンベイ買付高だけを輸入高として計算しているわけである。これは先に分析したように，1910年代に入ってからは原産地買付とボンベイでの買付が同率であったこととは正反対である。こうしたことを

総合すると，インド棉輸入問題が解決されなかったのは結果的に原産地における棉花買付の失敗が主な原因であったことがわかる。
　原産地買付の決済に使われたのはルピー銀貨であったことは既に述べた通りであるが，インド棉輸入問題が存在した期間における原産地買付が難しくなったのは，言うまでもなくインドでのルピー銀貨枯渇によるものであった。つまり紙幣での棉花買付の決済さえできたとすれば，正金の救済策である金現送策によってインド棉花輸入の問題は解決されたはずである。
　ここでルピー銀貨枯渇問題の緩和が日本の原綿問題解決のもうひとつの条件となる。先に第1の条件として設定したのは，インド省手形売り出し制限の撤廃であった。この両条件は，しかしながら，同じ意味である。インド省がインド省手形売り出しに制限を加えた理由は，銀投機によるルピー為替の上昇，つまりルピー銀貨への需要を押えるためであった。これは，当然ながら，ルピー銀貨枯渇問題を防ぐためである。したがって，インド省手形売り出し制限の撤廃は，逆にインドでのルピー銀貨枯渇問題の緩和を条件とするものであった。結局日本の原綿問題は，インドのルピー銀貨枯渇問題が解決されることを待つしか解決の方法がなかったのである。実際に『週報』は，1919年5月24日に「印棉為替問題の急務」という社説を通じて，「印度で銀価の問題がある限り為替問題は永続的現象であり」，これを避けるためには，「現金を印度に輸出して決済資金となすか，印度棉輸入数量を激減させるか，綿布その他の輸出を増加してバランスを採るか」[49] しか方法がないと1916年12月に問題が発生した当時と同じ案を語っている。

## 5│結　び

　まず今まで議論してきたことをまとめる。1910年代の日本の棉花輸入は主としてインド棉に依存していたが，その輸入決済が日本の貿易構造上，またインド国内の棉花買付資金関係によってインド省手形にリンクしていた。日本はインド棉花を輸入しなければならない状況から，インド省手形売り出し制限措

第7章 日本の原綿問題

置は日本産業問題にかかわる大きな打撃であった。これを切り抜けるためにアメリカ棉代用案，また正金による金現送策などの対策が設けられた。しかしながら，インド国内のルピー銀貨枯渇問題によって棉花買付には役に立たなかった。結局日本の原綿問題は，ルピー銀貨枯渇問題の緩和が解決の条件とされた。結果的に日本の原綿問題は1919年を最後にして解決されることになったが，これはインドのルピー銀貨枯渇問題が解決されたことによるものであった。ここで重要なのは，日本の原綿問題が当時国際金融問題に大きく絡んでいた事実に対する認識である。この事実は，当時の朝鮮植民地政策にも当てはまる。このことは次章のテーマである。

注
1) 本稿で使っている原綿問題というのは表7-1で見られるように1917年から急激にインド棉の輸入が減少したことを意味する。
2) 前田 (p.152), 靏見 (p.56)。
3) 前田, pp.171-174。
4) 靏見, pp.56-58。
5) 高村直助, 上 p.265。
6) 同上, p.161。
7) 小野一一郎, p.198。
8) 『勝田家文書』第84冊リール No.46, 488ページ, 以下『勝冊リ No.』と略す。
9) 大日本紡績連合会, 『大日本紡績連合会月報』第320号, p.19, 以下『月報』と略す。
10) 木下, p.116。
11) 江商株式会社, p.101。
12) 横浜正金銀行調査課, p.3。ボンベイ買付の決済は東印度棉花協会が正式に発足した1922年の以前と以後において差異がある。この違いは主として先物取引の場合であるが，1922年以後は東印度棉花協会傘下にある精算所で棉花が到着する前に中間計算という形をとっていた (江商株式会社, pp.138-140)。
13) 日本銀行調査局, 1926, p.96。
14) この荷為替手形は正金銀行を受取人とする綿花商のボンベイ支店振り出し日本国内本店支払いの為替手形である。金額は円表示。期間は一覧後60日払いが普通であった (日本銀行調査局, 1926, p.98)。
15) 日本銀行調査局, 1926, p.97。
16) 江商株式会社, pp.101-102。
17) この契約の割引率は決まってないが，100ルピーに対して1.6アンナという記録がある (江商株式会社, p.102)。

18）棉花が原産地からボンベイに到着するまでかかる時間は，約1ヵ月程度である（高村，下 p. 203）。
19）日本綿花株式会社，『日本綿花週報』第52号，p. 1, 以下『週報』と略す。
20）大阪銀行集会所，第242号，p. 22。
21）『勝23冊リ No. 14』，p. 337。
22）インドとの輸出入バランスをとるための輸出奨励策は結果的に1億前後の入超になった。またジャバ砂糖のインド輸出計画は，日本の商社がジャバ島の砂糖を買い取り，それをインドに輸出するという一種の輸出為替買い取り策である。しかしこの案は，すでに正金銀行の手に約5千万円，台湾銀行に約3千万円，合計8千万円の対インド輸出為替を買い入れうる確かな見込みが立ち，実行されなかったという（前田，pp. 172-174）。
23）前田，pp. 163-177。
24）同上，p. 164。
25）東京銀行集会所，p. 24。
26）『勝23冊リ No. 14』p. 340。
27）同上，p. 346。
28）同上，p. 343。
29）同上，p. 346。
30）『勝84冊リ No. 46』p. 493。
31）『勝23冊リ No. 14』p. 344。
32）当時日本国内の綿糸消費高は，15番手以下（全部インド棉及び中国棉使用）が485,000梱，16-19番手（インド棉90％，アメリカ棉10％）が93,400梱，20-30番手（インド棉75％，アメリカ棉25％）が433,000梱，31番手以上（全部アメリカ棉及びエジプト棉使用）が155,400梱で，それぞれの生産費は，109,668,200円，31,755,660円，104,777,000円，45,066,000円，合計281,266,860円（原資料では287,266,860円）であった。この混棉比率を，15番手以下の場合，インド棉370,000ピクル以外は全部アメリカ棉，16-19番手以上はアメリカ棉100％に変えると，生産費がそれぞれ130,188,550円，27,086,000円，125,570,000円，45,066,000円，合計327,910,550円となり，生産費の増加は46,643,690円である（『勝23冊リ No. 14』，p. 344）。
33）同上，p. 345。
34）インド棉輸入不能量を600,000ピクルと計算したのは，おそらくこの計算が1917年11月にできたことに起因すると思われる。つまり，1916年12月にインド省手形売り出し制限措置が行われたのち，1917年の1年間インド棉輸入高が約4,400,000ピクルになったことを前提した予想であったと考えられる。
35）『勝84冊リ No. 46』p. 495。
36）同上，pp. 496-497。
37）東京銀行集会所，p. 23。
38）鶴見，p. 56。
39）東京銀行，p. 163。

40) 江商株式会社, pp. 6-12。
41) 日本綿花株式会社,『週報』第52号, p. 1。
42) 大蔵省理財局, pp. 50-53。
43) 同上, 45-46。
44) 靏見は,（注22）で説明したジャバ砂糖買取策がインド綿為替資金問題解決のカギであった（靏見, p. 57）と述べているが, 裏付ける資料が提示されていない。
45) インド省手形売り出しに関する詳しい内容は第6章を参照されたい。
46) 大蔵省理財局臨時調査課, p. 46。
47) （株）東洋棉花の原産地買付高は, 1915-16年が290,137俵, 1916-17年が268,222俵, 1917-18年が143,308俵, 1918-19年が147,244俵であった（木下, pp. 110-111）。
48) 日本綿花株式会社,『週報』第136号, p. 1。
49) 同上, 第152号, p. 1。

**参考文献**
大蔵省理財局（1929）,「印度貨幣制度」『調査月報』第19巻特別第1号。
─────臨時調査課（1920）,「戦中戦後の印度証券」『財政経済調査』第1巻2号。
江商株式会社（1932）,『印度棉花事情』調581号。
東亜経済調査局（1932）,『本邦に於ける棉花の需給』。
東京銀行（1981）,『横浜正金銀行全史』第二巻。
日綿実業株式会社（1933）,『日本綿花株式会社五十年史』。
日本銀行調査局（1925）,『世界戦争開始以来最近ニ至ル迄ノ印度省証券売出ノ状況』。
─────（1926）,『棉花ノ需給, 相場, 取引及金融ニ関スル調査』。
日本綿花協会（1969）,『綿花百年上・下』。
横浜正金銀行調査課（1922）,「孟買ニ於ケル, 1. 東印度棉花協会, 2. MACCADAM」『調査報告』第27号。
小野一一郎（1960）,「インド紡績業の発展と日本におけるインド綿花の地位・役割の変化」『日印綿業交渉史』アジア経済研究所。
木下悦二（1960）,「日本商社のインド綿花買い付けの機構」『日印綿業交渉史』アジア経済研究所。
西川博史（1987）,『日本帝国主義と綿業』ミネルヴァ書房。
高村直助（1971）,『日本紡績業史序説上・下』塙書房。
靏見誠良（1972）,「円為替圏構想とその現実」『経済学雑誌』Vol. 67, No. 3（大阪市立大学）。
名和統一（1948）,『日本紡績業の史的分析』潮流社。
前田薫一（1925）,『圓為替の研究』白鳳社。
本山美彦（1986）,『貨幣と世界システム』三嶺書房。
大阪銀行集会所（1917-1920）,『大阪銀行通信録』第232号-第242号。
大日本紡績連合会（1914-1921）,『大日本紡績連合会月報』。

勝田『勝田家文書』第 23 冊（リール No. 14）「第 3 次計算，印度棉花問題」第 84 冊（リール No. 46）「印度棉花輸入為替資金ノ件」，「印度棉花問題」，「米棉其他ノ棉花ヲ以テ印度棉ニ代用スルコトヲ得ルヤ」。
東京銀行集会所，『東京銀行通信録』第 387 号。
日本綿花株式会社（1917-1920），『日本綿花週報』第 28 号-第 210 号（日本棉花協会所蔵）。

# 第8章 朝鮮の陸地棉奨励政策 —第2次計画を中心に—

## 1 はじめに

植民地期における朝鮮総督府(以下総督府と略す)は3次にわたる棉花奨励計画を案出した[1]。以下において我々が検討対象とするのは，このうち，1919年から実施された第2次計画である。第1次計画が目標をはるかに下回る実績(生産高)を記録したにもかかわらず，表8-1の示すように，さらに大規模な第2次計画が準備された。本章は，こうした第2次計画を立てざるを得なかったその背景を明らかにすると同時に，国際通貨問題から朝鮮の植民地期研究を試みるものである。

朝鮮の植民地期に対するこれまでの研究には大きく分けて2つの潮流があると思われる。ひとつは支配と抵抗の構図であり，もうひとつは朝鮮内部の社会経済の変化のみを分析しようとするものである[2]。総督府の陸地棉奨励計画に対する研究としては主に權泰檍と木村光彦の研究があげられるが，両者の研究においてもこうした2つの研究潮流の差異がみられる。まず両者の研究を検討したい。

第1に，權は第2次計画の背景を次のように言及している。つまり第1次世界大戦の影響[3]が日本にとって安定的棉花供給を保証する棉作地確保の要因として作用され，そのために中国で棉作地確保の計画が設けられたという名和の研究を引用し，朝鮮の第2次計画も第1次世界大戦期に起こった英・米の敵対国棉花輸出制限，棉花価格の騰貴現象などの国際的動きから，日本に原棉確保の必要性か再び生じて，結局植民地朝鮮での第2次棉花増産計画に乗り出したと説明している[4]。続いて奨励計画が目標に達することができなかった理由

としては，朝鮮農民の抵抗と棉花価格が暴落したことをあげている[5]。

　第2に，これに対して木村は単なる強制の結果ではなく，気候・土地・労働力・政策が裏付けられる経済的合理性が作用したと分析している[6]。要するに総督府の工業抑制・米棉偏重政策によって棉花奨励計画が設けられたが，この結果，農民に所得の増加をもたらし，植民地期を通じて棉花生産が増加したと把握する。また「第2期棉作拡張計画の実績が目標をかなり下回ったのは，価格の低迷が主因であった」[7]と棉作の増減と棉価の騰落の関係を一貫した論理で説明している。したがって第2次計画を設けることとなったのは，日本の原棉確保の必要性または総督府の工業抑制・米棉偏重政策であり，目標に対する低い達成率に終わったのは農民の抵抗と棉価が暴落した結果であるということで両者の研究を要約することができる。

　まず，奨励計画の背景としてあげられている日本の原棉確保の必要性または総督府の工業抑制・米棉偏重政策をみてみよう。権の主張する日本の原棉確保の必要性という問題認識は，注3で述べたようにその具体的な関係が示されず，抽象的な影響に過ぎない。また1930年代朝鮮における工業化政策を展開する中で，さらに大規模な第3次陸地棉栽培奨励計画が案出されたことを考えれば，木村の主張する総督府の工業抑制・米棉偏重政策が全植民地期間を通して常にその背景となったとは言い難い。

　次に，目標に対する低い達成率に終わった理由である。表8-1をみると，第2次計画期間内の栽培面積において，陸地棉は第1次及び第3次計画期と異なって，伸び率がほぼ停滞しており，在来棉の場合は，第1次及び第3次計画期とは逆にその栽培面積が増加している。こうした現象に対して，権は朝鮮農民の抵抗と棉価の暴落を主な理由として，木村は棉価の低迷による農家所得の減少にその原因を求めている。しかしながら，農民の抵抗があったとはいえ，なぜ第2次計画期間だけに抵抗の成果が現れたのだろうか，また棉価が下落している中でなぜ在来棉の栽培面積は増加することになったのか，という疑問が残る。要するに，帝国主義の侵略に対する農民の抵抗と経済的合理性だけでこの問題を説明することできない。

| 第8章 | 朝鮮の陸地棉奨励政策―第2次計画を中心に―

　以下，本論では，朝鮮で実施された第2次計画の背景とその実施過程を国際通貨問題という要因から引き出すために次のような構成で叙述していく。第2節では，朝鮮の第2次陸地棉奨励計画の背景を外部で求めざるを得ない理由を明らかにするために，朝鮮において実施された陸地棉奨励計画の実績分析を通じて朝鮮の風土と陸地棉の関係を浮き彫りにし，第3節では，第1次陸地棉奨励計画実施段階（1916年まで）での朝鮮総督府の棉作計画を整理する。第4節では，第2次計画の背景として作用した日本原棉問題（インド棉輸入問題）かロンドンでのインド省手形売り出し制限措置の派生的影響であったことを説明し，第5節では，この問題の解決策として出された日本農商務省傘下臨時産業調査局案と朝鮮の第2次計画を比較する。

## 2 | 陸地棉と朝鮮の風土

　朝鮮においての陸地棉奨励計画は，併合以前と併合以後にかけて実施された日本の主な植民地政策のひとつである。にもかかわらず，「（低い栽培記録は：引用者注）其如何なる原因に基づくを問はず凡て栽培事業の容易ならざるを暗示するもの」[8]という指摘のように，各期計画が目標に至らず，低い実績で終わった政策でもある。この原因については，様々な角度から説明が可能であろうが，その中で朝鮮の風土と陸地棉の関係も重要な要因である。以下本節では棉作奨励計画の実績分析を通じて，朝鮮の風土における陸地棉適合性を検討する。

　朝鮮での陸地棉奨励計画は時期的に併合以前と植民地期に区分される。併合以前の陸地棉栽培は3つの栽培段階，すなわち①1904年に若松領事の試作，②1905年に棉花栽培協会の創立，③1906年の勧業模範場の設立という3段階にわたって行われたと言われている[9]。こうした経緯を経た併合以前の朝鮮陸地棉栽培は，表8-2の示すように，栽培面積において1906年45.2町歩から1911年2,683.7町歩へ，実生産高においては同期間249.79ピクルから27,370.5ピクルへ，それぞれ大幅に増加した。ところが，併合以前6年間の奨励結果と

表8-1 棉花奨励計画の目標及び成績

| 計画別 | 区分 | 棉花奨励計画の目標 (万) | | | | | | 目標達成率 (%) | | | | | |
|---|---|---|---|---|---|---|---|---|---|---|---|---|---|
| | | 栽培面積 | | | 生産高 | | | 栽培面 | | | 生産高 | | |
| | | 陸地棉 | 在来棉 | 合計 | 陸地棉 | 在来棉 | 合計 | 陸地棉 | 在来棉 | 合計 | 陸地棉 | 在来棉 | 合計 |
| 1次計画 (1912-1917) | | 10 | 2 | 12 | 100 | 15 | 115 | 72 | 180 | 90 | 54.5 | 118 | 62.5 |
| (1年延長 1918) | | | | | | | | 94 | 180 | 108 | 60.6 | 114.8 | 67.7 |
| 2次計画 (1919-1928) | | 18.9 | 6.1 | 25 | 189 | 61 | 250 | 73 | 114.4 | 82.4 | 64.4 | 80.4 | 68.3 |
| 3次計画 | | | | 50 | | | 600 | | | | | | |
| | 1次10年間 | | | 25 | | | 300 | | | | | | |
| | 改正案 (1934) | 20.9 | 14.1 | 35 | 250.8 | 169.2 | 420 | 158 | 5.6 | 97.1 | 83.3 | 0.2 | 50.9 |

出所:朝鮮銀行京城総裁席調査課 (1933),『棉花増産計画ノ実績ト其ノ将来ニ就テ』pp. 1-24,特に2次計画は,「朝鮮棉花栽培」『大日本紡繊連合会月報』第334号,pp. 7-17, 3次計画の改訂案は,朝鮮総督府 (1934),『棉花増産計画改訂案』,等による。
目標達成率は,権泰憶 (1989),『韓国近代綿業史研究』p. 118の棉花栽培の年別統計と上記の奨励計画の目標により計算。
単位:栽培面積は町歩,生童高はピクルである。当時の単位は斤であったか,ピクルに換算した。1ピクルは100斤である。
備考:① 各計算の生産高算出は,反歩当実棉収量を第1次計画の場合は陸地棉100斤・在来棉75斤で,第2次計画の場合は地方によって差異があるが,大体100斤前後である (本文参照)。第3次計画の場合は一律的に120斤の計算である。②3次計画のうち,生産高の目標は1937年に470万ピクル (4億7千万斤) に上向調節されたと言う (権, p. 114)。

して,1911年末の陸地棉栽培面積は全棉作地の5.56%しか占めていない点に注目しなければならない。

確かに陸地種が朝鮮の風土に適合していたと伝える当時の文献があり[10],他の作物より陸地棉を栽培する方が,農村の所得を増加させたという記録もある[11]。こうした記録は,いずれも朝鮮における陸地棉栽培の適合性を前提とし,実際大規模に陸地棉栽培が行われたという印象を与えるものである。しか

# 第8章 朝鮮の陸地棉奨励政策—第2次計画を中心に—

しながら，全棉作地の5.56％という割合はあまりにも少ない数字である。なぜならば，現在棉花を栽培している土地において所得が少しでも高い種子へ変更することは，農民にとっていつでも可能なことであり，その上に暴力的な奨励運動まであったとすれば[12]，陸地棉栽培面積は実際に記録された5.56％よりもはるかに大きなものになると考えられるからである。ここで陸地棉の朝鮮風土での適合性について疑問が生じる。この問題は，次の植民地期の分析と併せて検討する。

次は，併合以後の陸地棉奨励計画をみてみよう。植民地期に3次にかけて実施された陸地棉奨励計画内容は表8-1に示されている[13]。表8-1と表8-2そして表8-3を見ると，全体的にいえる4つの特徴がある。① 各計画の栽培面積の実績はある程度目標に達した成績であるが，生産高は50-60％台の著しく低い記録である。② 陸地棉生産高の実績はいずれも計画の半分程度である（第3次計画の場合は83.3％であるが，栽培面積が158％の実績であったことを計算すると高い生産高であるとはいえない）。③ 戦争期間であった第3次計画期を除けば，陸地棉の栽培面積の実績は，在来棉のそれより比較的に低い。④ 第2

表8-2　朝鮮における併合以前の棉花栽培成績

| 区分<br>年度 | 陸地棉 | | 在来棉 | | 陸地棉栽培面<br>面積比率 |
|---|---|---|---|---|---|
| | 栽培面積 | 収穫高 | 栽培面積 | 収穫高 | |
| 1906年 | 45.2 | 249.79 | | | |
| 1907年 | 65.3 | 791.88 | | | |
| 1908年 | 169.9 | 1,412.65 | | | |
| 1909年 | 412.0 | 4,501.60 | 40,294.3 | 143,773.46 | 1.01％ |
| 1910年 | 1,123.0 | 8,453.42 | 42,111.3 | 106,278.28 | 2.60％ |
| 1911年 | 2,683.7 | 27,370.50 | 45,534.0 | 199,691.19 | 5.56％ |

出所：陸地棉栽培十周年記念会（1917），『陸地棉栽培沿革史』p. 77 による。
単位：栽培面積は町歩，収穫高はピクル（実棉基準）である。
参考：朝鮮の棉花栽培について上記の統計とかなり異なる統計がある。
　　　沢村東平（1985），『近代朝鮮の棉作棉業』pp. 104-107 参照。

表8-3 第2次計画までの棉花栽培実績

| 区分<br>年度 | 陸 地 棉 | | | 在 来 棉 | | |
|---|---|---|---|---|---|---|
| | 栽培面積 | 生産高 | 反当収量 | 栽培面積 | 生産高 | 反当収量 |
| 1912 | 7 | 7,216 | 99 | 57 | 27,346 | 54 |
| 1913 | 16 | 13,445 | 85 | 56 | 26,034 | 55 |
| 1914 | 24 | 17,470 | 73 | 51 | 22,001 | 53 |
| 1915 | 35 | 28,668 | 83 | 44 | 19,118 | 61 |
| 1916 | 54 | 31,331 | 58 | 37 | 16,239 | 62 |
| 1917 | 72 | 54,554 | 76 | 36 | 17,701 | 67 |
| 1918 | 94 | 60,681 | 64 | 36 | 17,224 | 60 |
| 1919 | 109 | 86,025 | 79 | 36 | 11,334 | 67 |
| 1920 | 107 | 88,461 | 83 | 40 | 26,256 | 78 |
| 1921 | 105 | 67,858 | 68 | 43 | 27,589 | 65 |
| 1922 | 104 | 88,778 | 85 | 47 | 29,930 | 79 |
| 1923 | 110 | 96,827 | 88 | 49 | 30,771 | 80 |
| 1924 | 118 | 106,927 | 91 | 53 | 30,928 | 81 |
| 1925 | 139 | 101,225 | 73 | 59 | 38,959 | 71 |
| 1926 | 152 | 118,265 | 78 | 65 | 43,820 | 75 |
| 1927 | 138 | 107,718 | 78 | 67 | 44,318 | 74 |
| 1928 | 138 | 121,771 | 88 | 68 | 49.096 | 83 |

出所：權泰檍（1989），『韓国近代綿業史研究』一潮閣，p.118。
単位：栽培面積は千町，生産高は千斤，反当収量は斤である。

次奨励計画の栽培面積の実績をみると，陸地棉は第1次及び第3次計画の実績と比べて，伸び率がほぼ停滞している反面，在来棉はその栽培面積が増加している。

こうした特徴には次のような原因が考えられる。①と②の状況は，結局栽培面積当りの陸地棉生産高，つまり反歩当収量の見込み計算に間違いがあった結果であり，③と④の状況は陸地棉栽培を忌避した結果である。また併合以前の期間における6年間の陸地棉栽培面積の拡張努力にもかかわらず，棉作地全体の5.65％しか占めていなかったことについても，植民地期間のそれと同じように，陸地棉栽培を忌避した結果ではないかと推測される。いかにしてこのような結果が表れたのか。

# 第8章 朝鮮の陸地棉奨励政策―第2次計画を中心に―

　第1に，朝鮮における陸地棉奨励計画の生産高目標が低い実績で終わった理由として指摘できるのは，朝鮮の気温の問題である。陸地棉の栽培には成長の初期において，少なくとも平均温度摂氏15度以上が要求されるし，開花期には最低25度以上は必要であるという[14]。しかし併合以前，相対的に温かい地域である木浦の4月と5月の平均温度は15.4度，5月から9月までの平均温度は24.2度であった[15]。1917年の調査でも，生育期間である4月と5月の平均気温が，木浦13.6，大邱14.8度，京城（ソウル）13.0度であった。この数字はアメリカ棉作地の平均気温が18度前後であったこと[16]に比べるとかなり低い。つまり，「韓国棉作地の温度を見るに，成長の初期における温度未だ充分ならず」[17]という指摘のように，米国種の移植は自然条件から問題があった。その上に，棉花盛熟期である10月と11月における朝鮮気候の霜の早さは，朝鮮での陸地棉栽培の最悪の影響として記録されている[18]。

　とりわけこの問題を解決するために，陸地種の改良研究が長いあいだ行われた。つまり第2次計画からは，注13で述べたように，朝鮮での陸地棉栽培地域が南部3道から京畿道以南まで拡張された。このような陸地棉栽培地域の北上は，種子改良，つまり陸地種のうち，キングス・イムプローブド（king's improved）種から分型法によって早熟系113-4号の改良に成功して，可能になったという[19]。しかし，朝鮮の気候問題を解決するためのこのような種子改良作業も問題を解決することはできなかった。なぜならば，第1次計画の場合，表8-1に示しているように，反歩当実棉収量を陸地棉は100斤，在来棉は75斤の予想で生産目標を計算したが，種子改良に成功したといわれる第2次計画の反歩当実棉収量の場合は地域によっては第1次計画より低く計算しているからである。

　つまり第2次計画の反歩当収量の地域的目標を見ると，陸地棉の場合，忠清南北道は90斤，慶尚南北と全羅北道は100斤，全羅南道は120斤であり，在来棉の場合，京畿道・忠清北道・慶尚北道・平安北道は90斤，黄海道・平安南道は100斤の目標が設けられた[20]。第2次計画における種子改良によって新しく陸地棉栽培地になったという忠清南北道の反歩当実棉収量目標が在来棉

177

のそれと同等の目標であること，またこの90斤の生産目標は第1次計画の目標より低いこと，全般的に第2次計画の陸地棉の反歩当実棉収量の目標は第1次計画水準に止まっているといったことは，実際に朝鮮の風土に適応させるための陸地棉種子改良がうまくいかなかったことを裏付けている。

要するに，朝鮮の風土に適応させようとした陸地棉の種子改良は限界に達し，米国種を朝鮮に移植する時の反歩当実棉牧量の目標[21]は最後まで達成できなかった。つまり朝鮮の気候の問題を克服するための陸地棉の改良作業は結局成功せず，朝鮮の気候は陸地棉の生産高目標達成率が低かった根本的な原因として最後まで影響を及ぼしたのである。

第2に，陸地棉栽培忌避現象については次のことがいえる。陸地棉と在来棉の特性を比較してみるとき，一般的に陸地棉は操棉率で，在来棉は繊維の張力でそれぞれ優位であると言われている[22]。朝鮮においての棉花栽培は，「朝鮮人ハ御承知ノ通り白イ木綿ノ織物ヲ著ルノデアリマスカラ其必要上棉作ハ従来相当発達シ来ツタノデアリマス」[23]の説明のように，朝鮮での棉花は自家消費であったことに注目しなければならない。

つまり棉花栽培は，市場経済の副産物ではなく，生活必需品の生産過程であった。もし市場経済が発達していたとしても，陸地棉を栽培してそれを共同販売所に売って，その金をもって必要な綿布を買えない限り[24]，共同販売所に売らなければならない陸地棉栽培の選択を避けることは当然であろう。しかも生産されたすべての陸地棉が共同販売所に売られたわけではない[25]。つまり朝鮮農民の棉花栽培は主として自家消費を目的とするものであったために一般的に消費される用途は服や布団に用いることであった[26]。とすると，繊維の張力（繊維の弾力）が強い在来棉を好むのは当然のことである。つまり朝鮮における陸地棉の栽培の忌避現象は陸地棉価格の騰落によるものではなく，以上のような陸地棉の特性から理解すべき問題である。

朝鮮において実施された陸地棉奨励計画は，先に述べたように，各計画が目標を下回る実績で終わった政策である。それは朝鮮の風土（気侯）と陸地棉の性質上，当然の結果であるといえる[27]。ところで無理な計画が繰り返された

|第8章| 朝鮮の陸地棉奨励政策—第2次計画を中心に—

のはなぜか。本節で指摘してきた朝鮮の気候と陸地棉の特性を当時総督府の棉花関係者が知らなかったからであろうか。第1次計画の実施中の総督府はこの陸地棉の栽培に対してどのように把握していたかを検討する。

## 3| 第1次計画実施段階での総督府の棉作計画

　今日において，陸地棉奨励政策に対する当時の総督府の見解を客観的に正確に把握することは容易ではない。なぜならば現在確認できる当時の総督府による出版物の見解は，当然ながら陸地棉の栽培を奨励する立場であるからである。ここでは当時においては内部資料であったと思われる農業関係技師の2つの報告書を取り上げたい。

　1914年12月に開かれた第35回日本衆議院会議で当時農商務省の技師伊藤悌蔵は，総督府に依頼して得た資料を通じ，朝鮮の棉作について次のような報告をしている[28]。まず増大可能な棉作面積と生産高については，「大正六年（中略）棉作ノ極限ガ，陸地棉ガ八万町歩，在来棉ガ二方四千町歩，合計十万四千町歩，是ガ最高限度デアラウ，ソレカラ出来マス繰綿ノ産額ガ二千五百万斤（25万ピクル：引用者注）デアリマス」と述べている。さらに日本への移入可能量については，「総督府ノ推定通リニ行キマシテモ，大正六年ニナッテ二千万斤シカ供給力ガナイ，（中略）（全体輸入量の：引用者）一割ノ半分ニモ及バヌト云フ状況」であると説明している。結局伊藤技師は朝鮮での棉作について，「実際ニ於テハ陸地棉ニ付テハ気候ノ関係上多少ノ問題モアルヤウデアリマス」と朝鮮の風土の問題に言及したのち，奨励計画目標について，「是ハ最高限度ノ所謂理想ト云フモノデス」との見解を明らかにしている。

　この報告でみられるのは，次の2つの点である。第1に，可能な最高限度の栽培面積と生産高の見込みを，第1次計画を実施している期間中であるにもかかわらず，計画より低く計算しているだけでなく，第1次計画の目標を「理想」であると見ていることである。第2に，やはり気候の問題を深く認識した結果，陸地棉奨励計画の実施初期において既に陸地棉栽培の難しさを認めてい

ることである。

次は，1916年段階の総督府の棉作計画をみてみよう。経済調査会の産業第6号提案の参考事項として，中村総督府技師は1916年7月に大隈内閣総理大臣官邸で，朝鮮の棉作を報告するようになった[29]。この報告の重要内容を取り上げると次の通りである。

中村技師は，まず第1次計画について，「当初ノ計画通リニハ進行シテ居リマセヌガ……大正七年ニハ必ラズ実現シ得ルコトト思フノデアリマス」と1年の期間延長の考えを初めて述べた後，将来の棉作面積と生産高の見込みとして，土地調査事業の結果増える畑を計算に入れると，陸地棉12万8千町歩，在来棉2万4千8百町歩，合計15万2千8百町歩まで伸び，この面積から1920年には陸地棉の実棉1億2千8百斤（128万ピクル：引用者注）が可能であり，これを全部日本に移入すると日本の棉花輸入額の1/7，つまり14.3％位は供給できると分析している。

次に気候問題について，「陸地棉ノ本場タルテキサスアタリデハ極ク適地ニナリマスト棉ノ木ガ六尺以上ニモ延ビマシテ上カラ下マデ一面ニ恰モ七タ様ミタイニ棉花ガブラ下シテ居ルノデアリマスガ，朝鮮ニ於キマシテハ大キナ木ヲ作リマスト……霜ガ降ルタメ（萌が：引用者）遂ニ開カナイデアリマス，ソレデ成ルベク小サク二尺五寸前後位ニ造リマシテ（中略）（棉花が開く時に棉の木が小さ過ぎて：引用者注）骨折ルノデアリマスカラ陸地棉ヲ耕作スルニ於イテハ心ヲ摘ムト云ウコトガ最大切ナ作業デアリマス」と米国種栽培の難しさと気候の問題を詳しく言及している。

この中村技師の報告は，1914年の伊藤技師のように悲観的な面はみられないが，やはり気候の問題を具体的に指摘しており，土地調査事業の結果を計算にいれても，1920年までの棉花栽培面積の増加を第1次計画目標の約125％くらいである15万2800町歩しか見ていない。このことは，当時総督府の陸地棉奨励方針の性格をうかがわせるひとつの指標であると考えられる。栽培面積拡張より反歩当収量の増加をもって陸地棉生産高を計算した見込みは，陸地棉栽培の地域的限界を意味するものである。つまり総督府にとって陸地棉栽培が可

第8章 朝鮮の陸地棉奨励政策―第2次計画を中心に―

能な地域は1916年においても南部3道だけであったのである。

　以上の両技師の報告から次のことが言えよう。第1に，両技師は陸地棉栽培における朝鮮の気候問題を深く認識していた。第2に，朝鮮で生産される棉花全部を日本に移入するとすれば，1917年までの目標も1920年までの目標も，最高限度として日本の輸入量の15％と見積もっていた。第3に，1916年段階までは，第1次計画の目標達成のために期間延長は考えても，また第1次計画の延長線上で棉花栽培計画は準備しても，少なくとも大型第2次陸地棉奨励計画の準備はなかったということである。この判断の根拠としては，① 総督府自らが10ヵ年の2次計画を準備していたとすれば，1916年の報告で第1次計画の目標達成をめざして1年期間延長を求めないこと，② 第1次計画の延長線上での朝鮮棉花生産能力評価と第2次計画でのそれとは，まず量的にはるかに差異があること，などである。

　このように総督府も朝鮮における陸地棉栽培の限界を深く認識していた。つまり総督府は朝鮮の棉花生産能力を第1次計画の水準以上に評価しなかったのである。第2次計画の背景が朝鮮内部の要因からではなく，外部の要因で説明されなければならない理由がここにある。

## 4 日本の原綿問題の台頭

　1897年から100％を外国から輸入するようになった日本の棉花輸入の国別割合は，1910年代に入ると，インド棉―アメリカ棉―中国棉の順序になる。インド棉輸入は，1900年代には全体の50％前後であったが，1915年には66％まで増加した。この日本側のインド棉輸入量の増加と同時に，インドの棉花輸出も全輸出の中，日本に向けられる割合は，1916年に約70％まで伸び[30]，日本とインドの棉花貿易はまず両国にとって量的に極めて重要な位置を占めるようになった。

　1910年代のこうしたインド棉への高い依存度は，一般的に20番手の綿糸の場合，主にインド棉が使われ，30番手から60番手の綿糸はアメリカ棉，60番

手以上の高級品の棉糸はエジプト棉が使われたことによる[31]。1923年においても日本の紡績会社の綿糸生産高のうち，20番手以下の割合が52.9％を占めていることは[32]，この時代における棉花輸入の高いインド棉依存をうかがわせる。1916年に日本の綿糸番手別輸出高のうち，20番手以下の割合が82.6％であったことは，その時の状況をよく反映している[33]。

つまり20番手綿糸生産に主力を傾けている限り，日本紡績業にとっての死活問題は，結局インド棉花の安定的確保であったのである。ところが日本のインド棉輸入は，第7章で詳しく検討してきたように，1917年から急激に減少することになり，日本の綿紡績業の根幹にかかわる深刻な問題を発生させた。日本のインド棉輸入はインド省から発売されたインド省手形を購入することによって可能であったが，銀投機によって銀貨が上昇し，ついにルピー銀貨への投機的需要を招き，インド省は1916年12月からインド省手形の売り出しを制限して1918年10月には売り出しを停止する状況にまで至ったのである。こうした国際決済システムの変化は直ちに日本の産業界に大きな問題となった。

インド省手形の売り出し制限に対する日本の反応は，早くも1916年12月31日から始まる。大日本紡績連合会が，内閣総理・外務・大蔵・農商務の四大臣に請願書を提出したのがそのスタートである[34]。まず，「我紡績工業の使命を制するに至るべきは自明の理」とインド棉の重要性を前提し，インド省手形の売り出し制限の影響について，「今や印度棉輸出最盛季に入り最も豊富なる為替資金を必要とする時期に際会せるも之等為替銀行は何れも叙上の理由により為替取組に要する資金を有せざるを以て在印度我棉花輸出商に対し今後棉花新規買入約定の中止を要請せるのみならず既約定棉花に対してすら猶且為替取組をなす能はざる窮境に陥り」と売り出し制限の深刻さを述べている。続いて，この問題を解決しようとした横浜正金銀行の措置について，「問題発生以来我横浜正金銀行は極力之が救済緩和に儘瘁する處あるも未だ應急策だも見出す能はざる理にて棉花輸出業者は自然今後の取引を中止するは勿論既約定品の積出をも為す能はざるの窮状を呈し」と説明している。

また，当時在ボンベイ日本人棉花輸出商組合はインド省手形問題について，

第8章 朝鮮の陸地棉奨励政策―第2次計画を中心に―

「印度政府の証券発行縮少により銀行の棉花流通資金は極度の困難に陥りたるが来年2月（1917年：引用者注）頃までは之が改易を見得べからざるが如し横浜正金銀行は英国當路者に対し其迅速なる救済力に就て交渉を試みつつあるも未だ何度の解決を得るに至らず」[35]と当時の予想を本国に知らせるようになったのである。こうした日本国内外の問題認識の中で，当時もうひとつの有力な団体であった日本棉花同業会も総理・外務・大蔵・農商務の四大臣に精願書を提出して，日本紡績業におけるインド棉花の重要性とロンドンでのインド省手形売り出し制限の措置を説明した後，その影響について，①ボンベイにおける為替銀行は単に新規取引の資金欠乏のみならず従来の為替約定の取消を要求している，②正金の応急策にもかかわらず輸出商は棉花取引をすべて中止している状態であると述べている。またその救済策については，在英正貨をインドに移送して棉花輸入の決済に充当すべきであると主張する[36]。

こうした事態を切り抜けるために，第7章で触れたように，金現送策を中心としたいくつかの対応策が日本政府によって設けられたが，そのうちのひとつが植民地での陸地棉奨励計画であったのである。

## 5 農商務省案と総督府の第2次陸地棉奨励計画

総督府は，少なくとも1916年までは朝鮮における第2次棉花奨励計画を準備しなかったし，また朝鮮の棉花生産量の全部を日本に移入するとしても，朝鮮の棉花生産能力は日本全輸入量の15％位であるという考えであった。このような総督府の棉作見込みは，主として朝鮮風土，すなわち気候問題と陸地種の性質に起因するものであった。しかしこうした考えはインド省手形を軸とした国際決済システムが崩壊したことに伴い変更を余儀なくされた。

1917年に入って，当時農商務省傘下臨時産業調査局は，「当面の問題として（中略）棉花の国内生産が現在に於ては其輸入額の約四十分の一に過ぎざるの状況に鑑み今極力之奨励発達の途を計るの策として朝鮮に於ける棉花を増長せしめ以て亜米利加棉に対する需要の全部又は其大半を代補せしむる」とした

後，その方法として，①灌漑の設備がない水田は畑に改作して陸地棉を栽培すること，②未墾国有地のうち，陸地棉栽培が可能なところは開墾を奨励すること，③大豆などの耕作地を陸地棉栽培地に変更すること，④肥料の使用を適切にして陸地棉の収穫を高めることを提示している[37]。ここで注目すべきことは日本輸入額の約30％を朝鮮に割り当てる計画をしているところである[38]。

ところで，日本の農商務省が当面の問題をどのように認識していたかは，上記の内容では正確に示されていない。というのは，棉花問題への対応策（朝鮮からの30％供給）が，インド省手形の売り出し制限から発生した問題として新たに認識したものなのか，それとも元々言われてきた棉花の自給自足という目標の延長線上での計画であったか，ということである。この問題について，「本邦棉業界ノ大勢ヲ観ルニ，欧州戦亂ノ餘影ハ時ニカウンシル・ビル売出ノ中止，及米国金輸出制限……等の難關ニ曾セシカ克ク之ニ處シ，……。如斯趨勢ノ下ニアル棉花ノ一大消費国タル我国ハ永遠の大計ヲ樹テ之レカ需要ニ關スル根本策ヲ確立スルヲ現下ノ急務トナス」[39] という記録を参考にすると，確かに1917年に農商務省の原棉問題の認識は以前と異なるものであったと言えよう。

1917年に行われた臨時産業調査局の大規模な1次産品調査の中に棉花の調査がある。そしてこの棉花の調査で，棉花供給の可能性について高く評価した地域が朝鮮であった[40]。臨時産業調査局は，「今の情勢では少なくとも軍需要棉花の供給源を本邦領域内に確保する必要がある」[41] と棉花供給源の確保の必要性を前提した後，朝鮮における棉花の生産力を表8-4のように予想した。

それでは表8-4の生産見込みを可能にした計画の細部を検討しよう。この案は，3つの点において1916年の総督府の計画とは異なる特徴があると同時に，実際に第2次計画とはほぼ一致している。第1に，具体的な棉作地域配置が注目される。臨時産業調査局は朝鮮における棉作地を3つに分けて，つまり第1棉作区（全羅南北，慶尚南北，忠清南北の6道）は陸地棉栽培地域，第2棉作区（京畿，黄海，平安南北の4道）は主として在来棉栽培，第3棉作区（江原，咸鏡南北の3道）は棉作の可能性が少ない地域とみなし，地域別配置を行

第8章 朝鮮の陸地棉奨励政策―第2次計画を中心に―

表8-4　朝鮮の棉作に対する臨時産業調査局案

| 区分 | | 現在（1916年） | | | | 将来の見込み（20年後） | | | |
|---|---|---|---|---|---|---|---|---|---|
| | | 第1棉作地 | 第2棉作地 | 第3棉作地 | 合計 | 第1棉作地 | 第2棉作地 | 第3棉作地 | 合計 |
| 陸地棉 | 棉作面積 | 47,947.5 | | | 47,947.5 | 244,349 | | | 244,349 |
| | 生産高 | 313,314 | | | 313,314 | 3,665,235 | | | 3,665,235 |
| | 反当収量 | 65 | | | 65 | 150 | | | 150 |
| 在来棉 | 棉作面積 | 9,426.5 | 17,939.5 | 1,894.3 | 29,260.7 | | 121,026 | 2,464 | 123,490 |
| | 生産高 | 34,829 | 95,712 | 9,499 | 140,040 | | 1,452,312 | 19,712 | 1,472,024 |
| | 反当収量 | 40 | 54 | 46 | 48 | | 120 | 80 | 100 |
| 合計 | 棉作面積 | 57,374 | 17,939.5 | 1,894.3 | 77,208.2 | 244,349 | 121,026 | 2,464 | 367,839 |
| | 生産高 | 348,143 | 95,712 | 9,499 | 453,355 | 3,665,235 | 1,452,312 | 19,712 | 5,137,259 |
| | 反当収量 | 57 | 54 | 46 | 59 | 150 | 120 | 80 | 116.6 |

出所：臨時産業調査局（1918），『朝鮮ニ於ケル棉花ニ関スル調査成績』pp. 8-16による。
単位：棉作面積は町歩，生産高はピクルである。原資料の生産高の単位は斤であったが，ピクルに換算した。1ピクルは100斤である。
備考：生産高は実棉の計算である。また反当収量の合計は平均の数字である。

っている[42]。この地域別栽培案は，朝鮮の第1次陸地棉奨励計画の地域別計画のうち，陸地棉の中心的栽培地を南部3道（全羅南北，慶尚南）に計画したのとはかなり異なる内容である。その上に第3節で検討した総督府の棉作計画にもみられなかった内容でもある。つまり総督府の棉花増産計画は反歩当収量を100斤から200斤へ増産する内容であったが，臨時産業調査局案は栽培地域

185

の拡張を前提としたのである。この地域別栽培案が，注13で述べた第2次計画においての地域別計画と一致していることは言うまでもない。

　第2に，棉花栽培面積の拡張内容が注目される。臨時産業調査局は表8-4の将来棉作見込面積算出方法として，① 現在の棉作面積，② 他の畑作物面積の一部を将来棉作に転換し得るべき見込み面積，③ 現在の天水田の一部を将来棉作に利用し得るべき見込み面積，④ 未墾地の開墾により増加すべき棉作見込み面積等の計算をあげている[43]。つまり①の面積に②③④の面積を加算して得た面積が表8-4の示す367,839町歩の見込みである。このような見込み面積の内容を具体的にみてみよう。

　まず，①の現在の棉作面積というのは1916年末の統計，つまり77,208.2町歩である。②の現在の他の畑作物というのは粟及び大小豆の栽培を指すことであるが，当時の面積が各々484,480町歩，648,248町歩であった。このうち，粟栽培面積から33,139町歩，大小豆面積から93,323町歩，併せて126,462町歩を棉作に転換すべき面積として計算した。③の計算は，水田1,177,532町歩のうち，天水田は783,700町歩であると判断し，この天水田面積から44,219町歩を棉作に利用すべき見込み面積として計算した。④の未墾の開墾により増加すべき棉作見込み面積は，第1棉作区から40,000町歩，第2棉作区から10,000町歩であると推定し，合計50,000町歩を棉作地への開墾可能地として計算した。この①②③④の面積を合計すると297,891町歩（①を77,210町歩に計算）になる[44]。さらに臨時産業調査局は，この数字に「稍多ク見積リタル場合」[45]という計算をし，①は100,374町歩，②は164,402町歩，③は53,063町歩，④はそのまま50,000町歩，合計367,839町歩の見込みが成立したのである[46]。

　それではこの案と朝鮮総督府の第2次計画を比較してみよう。朝鮮の第2次計画の棉作拡張目標は，表8-1で示したように，25万町歩である。この目標の細部を見ると，①現在の棉作面積115,500町歩，②熟田の作付見込面積1,696,778.1町歩から棉作地への変更可能面積97,000町歩，③林野4,701,600町歩のうち，開墾可能な面積470,160町歩から棉作に利用すべき面積27,000町

|第8章| 朝鮮の陸地棉奨励政策―第2次計画を中心に―

歩，④ 天水田 444,102.6 町歩から棉作地への転換可能面積 27,000 町歩である[47]。第2次計画の 25 万町歩の目標は，臨時産業調査局案の方法のように①②③④を合計した数字である。しかしこの拡張面積は，臨時産業調査局案の 367,839 町歩と異なる数字であるが，この違いは計画期間において 10 年と 20 年の差異があることによるものであると考えられる。

第3に，棉作奨励施設の内容である。臨時産業調査局は棉作を奨励するために，現在より拡張すべき5つの奨励施設をあげている。つまり① 総督府商工部に専任技師1名と技手1名を常置すること，② 当時の朝鮮総督府勧業模範場木浦支場の規模を拡張すると共に，朝鮮の西地方に在来棉研究を目的にする分場を設置すること，③ 道及び郡単位で技師1名と技手1-2名を配置すること，④ 棉作組合の制度を改善すること，⑤ 棉作目的に土地を開墾する者に奨励金支給及び相当年間地租を免除すること，などである[48]。この奨励施設案においても，第2次計画の施設計画において総督府の商工部技師制度だけは設けなかったものの，両計画はほとんど一致している。

以上の議論から第2次陸地棉奨励計画は，少なくとも上記の農商務省案に基づいている計画であったといえる。第3節で述べたように，第1次計画実施中の朝鮮総督府の棉花生産見込みは，その目標が日本の全輸入量の 15％程度であった。しかし先に引用した『月報』(1917 年3月) に見られる臨時産業調査局の約 30％調達案は，1917 年に具体的な奨励計画作業を行い，総督府でそのまま確定された。この決定は早くも 1918 年3月の第 40 回衆議院会議で上山満之進（当時農商務省次官）をして，朝鮮から全輸入量の 1／3 以上の供給はできないという報告に立ち至ったのである[49]。

## 6| 結　び

朝鮮の陸地棉奨励計画について，従来の研究のうち，一国レベルでの分析は経済的合理性を，二国間分析は帝国主義侵略性を，主に引き出した。それから陸地棉栽培実績が低かった原因としては，一致して棉花相場の低落をあげた。

ところが，1910年代日本の棉花輸入量のうち，朝鮮からの輸入比率は，1911年0.37%，1915年0.53%，1917年1.09%，1920年0.86%，そして1921年には0%などの極めて少ないものであった[50]。こうした結果からでも，朝鮮から30%を輸入する計画ははじめから実現し難い政策であったことは言うまでもない。にもかかわらず，こうした計画を繰り返して立案したのは，他でもなく当時国際決済システムに組み込まれていた日本経済の変化によるものである。その過程で，朝鮮農民に農家所得を与えることも，無理な要求に対する朝鮮人民の抵抗があることもありうる。つまり経済的合理性と農民の抵抗というものは，総督府の植民地政策の方向を決定する変数ではなかった。

本論での分析を通じて明らかになったように，総督府の第2次陸地棉奨励政策はインド省手形売り出し制限措置により発生したインド棉輸入問題を切り抜けるための対応策のひとつであった。当然ながら，表8-3の示す1920年からの棉花栽培の実績が低かったのは，農民の抵抗または価格の低迷が要因ではなく，国際的環境の変化，つまりインド省手形の問題が解決される時点から理解すべき問題である。1916年からの銀投機ならびにルピー銀貨への国際的な為替投機は朝鮮総督府による無理な経済政策を立案させ，結局このことは朝鮮農民の激しい抵抗の要因にもなったのである。

注
1) 朝鮮で実施された陸地棉奨励計画について，名和は4次にかけて実施されたと言及している。つまり，1次は1912年-1918年，2次は1919年-1928年，3次は1929年-1932年，4次は1933年-1942年の区分であるが（名和，p.304），総督府の計画として，1929年から1932年までを奨励期間で設定したことは確認できない。また權は3次にわたる計画区分はしているが，1929年から1932年までを2次計画の期間に含めて把握している（權，p.107）。ここでは，総督府の計画という観点から，その計画を3次で区分する。しかしその計画期間においては，1次1912年-1918年，2次1919年-1928年，3次1933年-1942年とする。計画樹立当時の名称は，それぞれ陸地棉栽培奨励6ヵ年計画，第2期棉作奨励計画，棉作奨励計画であったが，このうち，第1次計画は1年延長して1918年までとなり，第3次計画は1934年に計画内容の改訂案が出された。
2) 朝鮮の内部変化に対する研究の必要性を主張する論文としては，堀和生「日本帝国主義の植民地支配試論」『日本史研究』（第281号）を，また支配と抵抗という構図の研究方法の問題点に関しては，本山美彦（1986），p.192を参照されたい。

| 第8章 | 朝鮮の陸地棉奨励政策―第2次計画を中心に―

3) 名和は，第1次世界大戦後，日本の棉作地確保の必要性として，大戦の影響を次のように把握している。① 1915年8月にイギリスが棉花を戦時絶対禁止品にして対敵国輸出に制限を実施したこと，② アメリカ政府も1916年8月に棉花輸出に制限を実施したこと，③ 世界的に棉花相場が大幅に上昇したこと，④ インドにおいては棉花輸出税賦課の動きがあったこと，⑤ 中国においても原棉輸出禁止案が国務院会議を通過したこと，などである。こうした事態が，すべての原棉供給を外部に依存している日本にとって安定的棉花供給を保証する棉作地確保の要因として作用し，そのため中国での棉作地確保努力が行われたと分析している（名和，pp. 297-298）。しかし，これらの要因がどのように日本に影響を与えたかについて具体的内容は示されていない。
4) 權，p. 108。
5) 同上，p. 111。
6) 木村，p. 72。
7) 同上，p. 64。
8) 日本綿花株式会社，『日本棉花週報』24号，p. 1，以下『週報』と略す。
9) 併合以前の陸地棉栽培は次のように始まった。若松兎三郎（当時木浦領事）が，1904年の春に当時農商務省技師の加藤末郎を通して，農商務省農事試験場畿内支場より米国産種子の交付を受け，高下島に試作したのが朝鮮における最初の陸地棉である。その後，3段階奨励過程を通じて奨励施設を拡張・整備することになるが，詳しい内容については，陸地棉栽培十周年記念会（pp. 30-48）を参照されたい。
10) 陸地棉栽培十周年記念会，p. 45。
11) 農商務省農務局，pp. 137-148。
12) 權，pp. 97-103。
13) 朝鮮で実施された棉花奨励計画は，表8-1の示しているように奨励規模が拡張されていく計画であり，当然ながら，奨励施設及び栽培地域の拡張を伴った。このうち，地域別奨励は，第1次計画の場合，全羅南北・慶尚南北・忠清南北・京畿道の七道を棉花奨励地域として設定したが，その中でも，特に全羅南北道と慶尚南道の三道が陸地棉栽培の中心地域であった。これは陸地棉の生育条件上の問題として，朝鮮で無霜期間が比較的に長い南部三道を選んだことによる（權，pp. 104-105）。この地域的配慮は，朝鮮半島における棉花栽培の北方限界線をよく表している。つまり陸地棉は朝鮮半島の南から1／4程度，在来棉は1／2程度までである。しかし第2次計画の場合は，この北方限界線を越えて南から半分（六道）は陸地棉，京畿以北には在来種を改良して在来棉も奨励するという計画が設けられた（京城総裁席調査課，p. 8）。これが第3次計画になると，南の六道は陸地棉だけ栽培し，新たに平安北道・江原道を在来棉奨励地域に入れ，既存の奨励地域であった京畿道・黄海道・平安南道と共に五道を在来棉栽培地域として定め，結局朝鮮半島の最も北端である咸鏡南北道以外の朝鮮全地域に棉花奨励政策（朝鮮総督府，p. 15）が実施された。
14) 明智，p. 30。
15) 同上，p. 31。

16) 臨時産業調査局, 1918b, pp. 18-19。
17) 明智, p. 32。
18) 中村, p. 6。
19) 權, p. 109。
20) 大日本紡績連合会,『大日本紡績連合会月報』第334号, pp. 16-17, 以下『月報』と略する。
21) 陸地棉の反歩当収量の計算は, 表8-1で示しているが, 第1次と第2次計画の場合は大体100斤, 3次のときは120斤である。しかし, 200斤までが総督府の目標であった（中村, p. 5)。
22) 朝鮮の陸地棉と在来補の特徴を比較すると, ① 繊維の長さ：陸地棉27.5粍, 在来棉26.8粍, ② 繊維の張力, 陸地棉47.47瓦, 在来棉66.30瓦, ③ 実棉反歩当収量：陸地棉265斤, 在来棉166斤, ④ 繰棉歩合：陸地棉35％, 在来棉25％である（朝鮮殖産銀行調査課, p. 5)。
23) 中村, p. 1。
24) 朝鮮陸地棉相場はアメリカ棉の東京相場の約8割程度であった。具体的な数字は朝鮮殖産銀行調査課, pp. 55-56を参照されたい。
25) 共販率は, 1917年の38.4％, 1935年47.2％が最高であった。その他の年は20％前後である（權, p. 131)。
26) 權, p. 125。
27) 陸地棉が朝鮮に合わなかった理由として, 權 (p. 295) は, ① 品種の性質上, 朝鮮の気侯・風土に適合しなかったこと, ② 棉花は換金作物であったため, 当時食糧の自給も難しかった朝鮮農民はできるだけ棉花栽培を避けざるを得なかったこと, ③ 棉花価格は暴騰, 暴落を繰り返し, 投機性があったこと, ④ 棉花は地力の消費が厳しい作物であったために輪作体系に適合しなかったこと, などをあげている。
28) 以下の引用は, 復刊『帝国議会衆議院委員会記録』(6), pp. 739-743。
29) 以下の引用は, 中村, pp. 1-7。
30) 臨時産業調査局, 1918a, p. 19。
31) 名和, pp. 257-296。
32) 20番手以下棉糸生産の割合は, 1903年68.6％, 1908年59.9％, 1913年58.2％, 1918年51.2％, 1923年52.9％, 1928年47.4％であった（名和, p. 252)。
33) 大日本紡績連合会, 第27次, p. 35, 第28次, p. 35。
34) 大日本紡績連合会,『月報』第293号, p. 1。
35) 日本綿花株式会社,『週報』第28号, p. 1。
36) 大日本紡績連合会,『月報』第293号, pp. 30-31。
37) 大日本紡績連合会,『月報』第295号, p. 61。
38) この文章での「朝鮮棉花によるアメリカ棉の代替」の意味は, アメリカ棉の代替ではなく, インド棉輸入問題に対する量的表現であると理解される。
39) 臨時産業調査局, 1918a, p. 1。

| 第8章 | 朝鮮の陸地棉奨励政策―第2次計画を中心に―

40) 当時臨時産業調査局が棉花調査を行った地域は，朝鮮・台湾・中国・日本である。この調査結果は，『朝鮮ニ於ケル棉花ニ関スル調査成績』，『台湾ニ於ケル棉花ニ関スル調査』，『支那ノ棉花ニ関スル調査，其一・其二・其三』，『日本内地ニ於ケル棉花生産ニ関スル調査』，『世界各国植民地ノ棉花ニ関スル調査』，『棉花概覧』，などのタイトルで出版された。こうした大規模調査を通じて，台湾は気候の関係上，日本は経済算上，棉花栽培の可能性が希薄であるという結論に到達した。また中国においては，棉花調達のためにこれから研究していくと共に一種の団体を組織する必要性があると把握する。朝鮮の棉花供給の可能性については，他の地域より高く評価した。
41) 臨時産業調査局，1918b，p. 1。
42) 同上，p. 2。
43) 同上，pp. 5-7。
44) 同上，pp. 2-9。
45) 同上，pp. 9-10。
46) 臨時産業調査局の棉作見込み面積算出基準（棉作に利用すべきという基準）は明らかではない。さらに「少し多く見積もった場合」という曖昧な算出方法も使っている。
47) 大日本紡績連合会，『月報』，第334号，pp. 7-9。策2次計画の棉花栽培面積見込みも臨時産業調査局の見込みと同じように明確な算出基準が提示されていない。
48) 臨時産業調査局，1918b，p. 11。
49) 『帝国議会衆議院委員会議録』（18），p. 187。1919年からの朝鮮における第2次陸地棉奨励計画の生産高目標は，表8-1に示されているように250万ピクルである。これを全部日本に移入するとすれば，1917年の基準で約35％の割合である。
50) 『日本綿業統計』による。

**参考文献**
木村光彦（1983），「構民地下朝鮮の棉作について」『アジア経済』Vol. 30, No. 1。
沢村東平（1985），『近代朝鮮の棉作綿業』未来社。
中村　彦（1916），「朝鮮ニ於ケル棉花及麻類生産ノ現況及将来」『産業第6号提案参考書』経済調査会。
名和統一（1948），『日本紡績業の史的分析』潮流社。
堀　和生（1986），「日本帝国主義の植民地支配史試輪」『日本史研究』第281号。
明智瀧朗（1909），『棉花事情』慶應義塾出版局。
權　泰檍（1989），『韓国近代綿業史研究』一潮閣（ソウル：韓国語）。
京城総裁席調査課（1933），『棉花増産ノ実績ト其ノ将来ニ就テ』朝鮮銀行。
江商株式会社（1932），『印度棉花事情』調581号。
朝鮮総督府（1934），『棉花増産計画改打案』。
朝鮮殖産銀行調査課（1934），『朝鮮の棉花』。
東亜経済調査局（1932），『本邦に於ける棉花の需給』。
日綿実業株式会社（1933），『日本棉花株式会社五十年史』。

日本綿花協会（1969），『綿花百年上・下』。
農商務省農務局（1913），『棉花ニ関スル調査』。
陸地棉栽培十周年記念会（1917），『陸地棉栽培沿革史』。
臨時産業産業調査局（1918a），『棉花概覧』。
―――（1918b），『朝鮮ニ於ケル棉花ニ関スル調査成績』。
大日本紡績連合会（1914-1920），『大日本紡績連合会月報』。
―――，『綿絲紡績事情参考書』第22次-第30次。
日本綿花株式会社（1918-1920），『日本綿花週報』第28号-第104号。
『帝国議会衆議院委員会議録』（1983），（6）第32-35回議会，（18）第40回議会［5］，復刊，臨川書店。

# エピローグ

　本書の出版を考えるようになったのは「2つの貨幣」という言葉に辿り着いたときからである。

　かつてイエスは，ただ一度だけ暴力的な行為を行ったことがある。その状況について，『マタイ福音書』第21章は，「イエスは宮にはいられた。そして，宮の庭で売り買いしていた人々をみな追い出し，また両替人の台や，鳩を売る者の腰掛をくつがえされた」と記している。イエスはなぜ怒ったのか。

　この文脈で読み取れるのは当時の腐敗した社会像である。エルサレム神殿にお参りにくる人々は，神殿に小羊や鳩を捧げるが，遠くからもってくるのも困難である。しかも持ってきたとしてもその小羊や鳩は無傷であるという証明書を提出しなければならない。そのような状況の中で，神殿の周りでは，羊や鳩が無傷であるという証明書付きのものが売られていた。お金を捧げるときも，市中に流通する貨幣をそのまま神殿に持ち込むことは許されず，神殿の境内で使える貨幣への両替が義務付けられていた。このような不正腐敗に対してイエスは憤り，両替人の台などを覆したと言われる。その通りかもしれない。

　ところで，この光景において，我々が注目すべきは，媒介通貨の存在である。一般の人々が神にアクセスするためには，神殿に捧げることのできる通貨を手に入れる必要がある。神殿に捧げることのできる通貨と市中に流通する一般通貨との正確な為替レートは知られていないが，為替レートが上下したことは簡単に予測できる。何故ならば，そうならないと，神殿の祭司長にとって，儲けが発生しないからである。

　この時代における「神―神殿用通貨―市中通貨」の関係は，インド省手形システムおける「ポンド―インド省手形―ルピー銀貨」の関係と基本的に同じで

ある。このような状況の中では誰もが媒介通貨，つまり神殿用通貨やインド省手形を欲しがり，為替投機の対象となる。私が用いる「2つの貨幣」とはこの関係を意味する。

戦後ケインズの提案した国際通貨システムは，流通しない媒介通貨のバンコールを創成する構想であった。しかし実際出来上がったIMF体制は「金―ドル―他の通貨」であったためにドルが投機の対象となった。IMF体制が崩壊してからは，「G7―ドル―他の通貨」となり，現在は「G20―ドル―他の通貨」という構造にとって代わられた。しかしこのことについてはこれからさらに議論を深める必要がある。

本書の内容はいくつかの拙稿をまとめ加筆修正したものである。小論の初出一覧を示すと次の通りである。
(1)「為替レートと経常収支」『研究論文集』第15集第2号（佐賀大学文化教育学部），2011。
(2)「基軸通貨ドル・システムにおけるG20の役割」『研究論文集』第14集第2号（佐賀大学文化教育学部），2009。
(3)「周辺部における流動性選好」『研究論文集』第14集第1号（佐賀大学文化教育学部），2010。
(4)「金融自由化再考」『研究論文集』第4集第2号（佐賀大学文化教育学部），2000。
(5)「韓国の通貨危機」『東アジア研究』第20号（大阪経済法科大学），1998。
(6)「第1次大戦期ルピー銀貨枯渇について」『経済論集』第7号（京都大学），1994。
(7)「日本の原綿問題とインド省手形」『経済論叢』第152巻第1-2号（京都大学），1994。
(8)「朝鮮の陸地棉奨励政策」『アジア研究所年報』第5号（大阪経済法科大学），1993。

本書を2011年3月27日に亡くなられた伯井泰彦氏（当時長崎大学経済学部講師）に捧げたい。氏は，病魔に侵され，意識が亡くなる直前まで，貨幣需要と流動性選好の違いについて熱く強く語っていた。貨幣論研究に対する氏の熱

エピローグ

い情熱を噛みしめておきたい。

　最後に，快く本書の出版に踏み切って頂いた学文社社長の田中千津子様に心よりお礼を申し上げたい。


2012年4月

著　者

# 索　引

## あ　行

IMF 出資割り当て　24
IMF の支援条件　101
アイケングリーン, B.　63
アインシュタイン, A.　45
アインチッヒ, P.　4, 27
アグリエッタ, M.　115
アフタリオン説　41
アミン, S.　52, 53, 59
イノベーション　1
インド省手形　65, 120, 124, 125, 151
インド省手形売り出し制限　128, 135, 147, 153, 165, 166, 173, 182, 184, 188
インド省手形売り出し停止　130
ウォーラーステイン, I.　30
SDR　21, 31
NDFs 市場　110-113

## か　行

貸付資金説　84
カーシュナー, J.　29
貨幣需要と流動性選好　48
貨幣的生産の理論　45
貨幣と流動性　48
貨幣の中立性　5
貨幣のヒエラルキー　51, 52, 54-56
貨幣利子率　49
借り換え　85
カレンシィ・ボード・システム　67
還元主義　44, 45
韓国の短期債務依存度　99
カンリフ委員会　138
逆インド省手形　65, 123, 125, 141
金為替本位制　65, 120, 121, 123, 127, 142
緊急支援制度　102
キンドルバーガー, C. P.　64
金融機関のモラル・ハザード　102, 105
金融自由化　80
金融自由化論　81
金融不安定仮説　23, 57
金融抑圧　79
空間と時間　44
グラベル, I.　88, 89
グリーンスパン, A.　16
クルーグマン, P.　19, 98
グローバル・インバランス　17, 18
グローバル・ディール　22
計算貨幣　46
ケインズ, J. M.　4, 41, 46, 49, 50, 107, 120
ゲゼル, S.　58
原産地買付　150, 163
国際金為替本位制論　64
国際収支危機モデル　40
コーヘン, B.　52

## さ　行

ザカリア, F.　17
G7　26, 27
G20　15, 16, 27
G5　15, 16
時間概念　5
時間の連続性　5
自己実現期待論　40
自己利子率　49, 51, 55
市場と貨幣　44
シティ資金　141
自由化思想　6
自由化プログラム　106
周小川　21
従属理論　79
シニョレッジ　69, 70
シューマッハー, E. F.　11
シュンペーター, J. A.　11
正金の金現送（送金）　159, 162
信用割当て　88
スティグリッツ, J. E.　31, 78, 88

197

ストゥダルト,K.　84,107
ストレンジ,S.　91
政治の空白　114
セイの法則　45
世界戦略プラン　90

## た　行

ダラーライゼーション　39,63,69,70
ダラル,D. M.　140
チェンバレン委員会　123
チャイメリカ　17
朝鮮農民の抵抗　172
朝鮮の第2次陸地棉奨励計画　173,187
朝鮮の風土　174,178
テイラー,L.　78,83
デヴィッドソン,P.　47
投機誘導型開発　88,89
トービン・タックス　71
トリフィン,R.　64
トリフィン・ジレンマ　21,27
トリレンマ論　63
ドル本位制論　64

## な　行

内生的貨幣供給　46-48
日独機関車論　28
日本の原綿問題　147,167
ニュートン,I.　5

## は　行

媒介通貨　193
伯井泰彦　58,194
バシュラール,G.　5
バーター経済　43
ハバナ憲章　108
バビントン・スミス委員会　138,140
バンコール　2,11,72,194
美人投票説　41
ピットマン条例　134,138
非ユークリッド幾何学　45

ヒルトン・ヤング委員会　142
ファーガソン,N.　18
ファウラー委員会　122
2つの貨幣　4,7,51,56,193,194
プラザ合意　15,28
ブレトン・ウッズⅡ体制　32
フンディー　150,151,163
ヘーゲル　5
ヘッジファンド　2
ポスト・ケインジアン　46,78,84,86
保蔵　51
保蔵性向　51
ポランニー,K.　44,46,52,54,55,115
ボンベイ買付　148,163

## ま　行

マキノン・ショーモデル　79,83
マリア・テレジア銀貨　52
ミンスキー,H. P.　4,42,46
ムーア,B.　47,48
目標相場圏設定論　71
持越費用　50

## や　行

ユークリッド　5
ユークリッド幾何学　45
ユーロ・ダラー市場　66,120

## ら　行

陸地棉と在来棉の特性　178
陸地棉の種子改良　178
流動性選好　49-51,55,56
流動性の度合い　50
流動性プレミアム　49-52,55,56
ルピー銀貨枯渇　134,163,166
レィ,L. R.　47,48
ロンドン為替委員会　136

## わ　行

ワルラス,M. E. L.　44

**著者略歴**

張　韓模（ちゃん　はんも）

1959 年　韓国に生まれる
1983 年　韓国明知大学校貿易学科卒業
1989 年　京都大学経済研究科修士課程入学
1996 年　同研究科博士後期課程退学
1996 年　佐賀大学文化教育学部講師
現　在　佐賀大学文化教育学部准教授

## 世界経済と為替投機

2012 年 8 月 5 日　第一版第一刷発行

著　者　張　韓模

| | | |
|---|---|---|
| 発行者　田　中　千津子 | 〒153-0064 東京都目黒区下目黒 3-6-1 |
| | 電話　03（3715）1501 ㈹ |
| 発行所　株式会社　学 文 社 | FAX　03（3715）2012 |
| | http://www.gakubunsha.com |

©JANG, Hanmo Printed in Japan 2012　　印刷／シナノ印刷
乱丁・落丁の場合は本社でお取替します。
定価は売上カード，カバーに表示。

ISBN 978-4-7620-2295-1